COMMANDANT ÉMILE VEDEL

NOS MARINS

À LA GUERRE

—

Sur Mer et Sur Terre

PAYOT & Cie
Paris

3 Frs 50

2e Mille

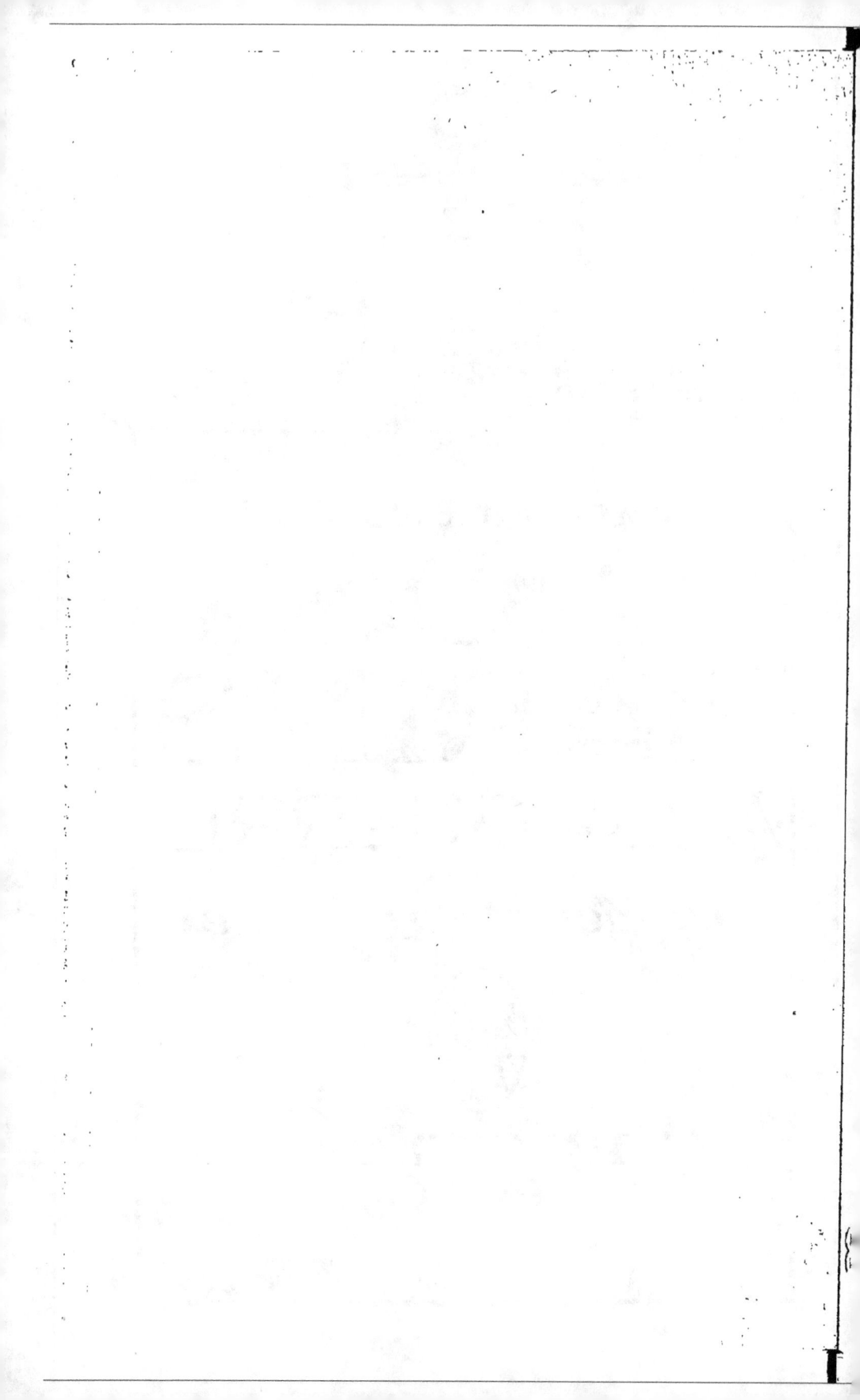

NOS MARINS

A LA GUERRE

(SUR MER ET SUR TERRE)

COMMANDANT ÉMILE VEDEL

NOS MARINS

À LA GUERRE

(SUR MER ET SUR TERRE)

(Avec 9 cartes dans le texte)

PARIS

LIBRAIRIE PAYOT & Cie

106, BOULEVARD SAINT-GERMAIN

1916

A MES ANCIENS CAMARADES

DE LA MARINE

E. V.

AVANT-PROPOS

J'aurais beau chercher, jamais je ne trouverais de mots pour parler de nos marins comme ils le méritent. Et y réussirais-je que je ne serais pas encore certain de leur être agréable, car ce sont avant tout des modestes. Il est pourtant nécessaire de dire quelque chose des immenses services qu'ils rendent au Pays, sur tous les théâtres d'une guerre sur-humaine, ressemblant plutôt à ces effroyables cyclones dont le vaisseau le mieux gréé ne sort que plus ou moins désemparé. Employés à des besognes généralement ingrates autant que pénibles, ils se dépensent sans réserve, et continueront ainsi jusqu'au bout, jusqu'à la victoire finale. Comme nos poilus, du reste. Seulement ces derniers ont la satisfaction de demeurer en liaison intime et permanente avec ceux de l'arrière, que les communiqués informent journellement de ce qui se passe dans les tranchées. Tandis que les matelots peinent et disparaissent obscurément, le plus souvent au loin, ne sachant même pas si la France se rend exactement compte de leurs sacrifices, non plus que *de l'héroïsme à jet continu qu'exige la lutte sur un élément où, mines et sous-marins venant s'ajouter aux risques habituels, il y a constamment péril de mort — et de quelle mort! C'est pourquoi, les connaissant bien pour avoir eu l'honneur de servir parmi eux, je voudrais les montrer à leurs différents postes de combat, prodiguant partout, à bord comme à terre, le dévouement, la belle humeur et le tranquille courage qu'ils ont acquis à la rude école de la mer.*

Pas une troupe d'élite ne s'était plus sérieusement préparée à la guerre que nos équipages de ligne. Leur superbe entraînement a même forcé l'admiration des Anglais, émerveillés par l'excellence des tirs que nos bateaux ont exécutés devant eux, ainsi que par la sûre audace avec laquelle manœuvrent nos officiers. Mais je ne dévoilerai aucun secret en constatant, après tout le monde, que le matériel flottant ne valait malheureusement pas le personnel. Résultat des divers engouements qu'avaient subis les spécialistes chargés d'en élaborer les plans, il manquait surtout d'homogénéité. Rien de plus frappant, à cet égard, que le contraste entre les escadres britanniques toutes pareilles, basses et ramassées comme des rangées de fauves prêts à bondir, et les nôtres, composées de groupes disparates que hérissent d'invraisemblables surperstructures, évoquant le sou-

venir des orgueilleux accastillages à la mode d'antan. D'où l'hilarité provoquée par l'apparition, aux Dardanelles, de notre vieux garde-côtes cuirassé le Henri-IV, comble du genre. Hâtons-nous toutefois d'ajouter que la justesse et la rapidité de son feu eurent bientôt mis les rieurs avec lui.

Une circonstance fâcheuse provenait du fait que, trois mois avant la guerre, un orage politique avait amené notre ministre de la Marine à donner sa démission. Or, celui qui en remplissait les fonctions, M. le sénateur Monis, ancien président du Conseil et l'un des personnages les plus considérables de la République, était non seulement un travailleur assidu, mais exceptionnellement au courant de son affaire. Passionné pour les questions maritimes, il les avait étudiées de longue main, et jouissait par conséquent de toute l'autorité désirable pour rester à la barre quand se déchaînerait la grande tourmente. Au lendemain d'une fructueuse conversation avec M. Winston-Churchill, son collègue de l'Amirauté anglaise, il avait même entrepris un remaniement complet de notre dispositif naval, que son brusque départ ne lui permit pas d'achever. Ce fut donc un tout nouveau titulaire du portefeuille, M. le docteur et sénateur Gauthier, que l'agression allemande surprit en pleine période d'initiation.

Rendons-lui d'ailleurs la justice qu'il endossa très crânement la responsabilité des mesures préconisées par son entourage technique, et qu'il ne dépendit pas de lui que le Goeben *et le* Breslau *ne fussent arrêtés dès le début de leur fâcheuse randonnée.*

Telle était la situation de la Marine à la veille des hostilités.

Son programme? Compliqué par le rapatriement de l'armée d'Afrique, il offrait les inconvénients propres à toutes les conceptions basées sur la défensive : trop d'éventualités à prévoir pour laisser assez d'initiative au commandement. Du moins en ce qui concerne la Méditerranée, où se trouvaient rassemblées nos plus fortes unités.

Dans la Manche, il nous restait tout juste de quoi sauver l'honneur du Pavillon. Aussi, le 2 août 1914, à 8 heures du soir, quand ordre fut donné au contre-amiral Rouyer de se porter en travers du Pas-de-Calais, et d'en interdire le franchissement par les armes, n'était-ce qu'un geste de protestation désespérée, une véritable « marche à l'étoile », comme la baptisèrent les partants. Que pouvaient en effet six vieux croiseurs cuirassés : Marseillaise *(c. a.* Rouyer*),* Amiral-Aube, Jeanne-d'Arc, Gloire *(c. v. Le Cannelier, chef de division),* Gueydon *et* Dupetit-Thouars, *accompagnés d'une douzaine de* torpilleurs, contre toute la flotte boche? Se faire couler comme chacun y était intrépidement résolu, dans le cas où les Anglais ne nous apporteraient pas la coopération prévue.

Car, plusieurs années auparavant, la Grande-Bretagne avait compris que, si elle ne s'opposait pas à notre écrasement par l'Allemagne, son tour viendrait immédiatement après. Il en était résulté l'établissement, entre nos voisins d'outre-mer et nous, d'une « Entente cordiale » n'ayant d'autre but que de répondre aux menaces de Berlin. Un de ses premiers effets fut la concentration de nos escadres de bataille dans la Méditerranée. Soutenues par une division légère anglaise, elles devaient y faire tête à tous les complices éventuels de l'ennemi principal, pendant que nos futurs alliés garderaient les mers du Nord, où nous ne conservions que des croiseurs démodés.

Mais cette entente un peu platonique, comment va-t-elle jouer, en face du danger brusquement apparu? Avec une loyauté qui primera toute autre considération, les Anglais n'hésiteront pas un instant à nous donner le concours promis. Dès le matin du 3 août, leurs destroyers apporteront aux nôtres la bonne nouvelle que la Great fleet se tient prête à intervenir, geste qui suffira pour faire rentrer les Allemands *chez eux. Quoique l'Angleterre ne déclarera la guerre que le 4 au soir, après l'odieuse violation de la Belgique par les armées de Guillaume le Parjure, notre littoral était désormais à l'abri des insultes.*

Du côté de la Méditerranée, la proclamation de la neutralité italienne, à 18 h. 30 le 3, nous enleva la plus grosse de nos préoccupations. Nous n'en eûmes pas moins la surprise d'y être attaqués les premiers par les deux croiseurs allemands déjà nommés, dont je rapporterai la course dans tous ses détails, à cause de sa répercussion sur les événements d'Orient. Après quoi furent établis, simultanément, le blocus des ports autrichiens, confié à notre armée navale, et celui des Dardanelles, à une division britannique.

Depuis qu'ils se sont noblement prononcés pour la cause du Droit, le 23 mai 1915, les Italiens nous ont partiellement relevés dans l'Adriatique, ce qui a procuré un peu de répit à nos pauvres bateaux surmenés. Mais, durant les neuf mois ayant précédé cette date mémorable, sans autres bases que Malte à 400 milles et Toulon à 800, nos marins ont durement bourlingué devant les côtes austro-hongroises, conservant toujours l'espoir d'un franc combat avec les cuirassés prudemment mouillés derrière les formidables défenses de Pola ou de

Cattaro : rêve interrompu par le torpillage du Léon-Gambetta, que j'ai essayé de reconstituer d'après les témoignages des survivants.

Quant à l'expédition des Dardanelles, on en lira un résumé ci-après. Au point de vue maritime, elle présente un intérêt d'autant plus considérable que c'est la seule où nos bâtiments de guerre aient été sérieusement engagés avec l'ennemi, et je me suis efforcé de mettre en belle lumière la part qu'ils y ont prise si fièrement.

Entre-temps, nos divisions lointaines concouraient, avec Anglais et Japonais, à chasser les Allemands de partout, nous assurant cet avantage sans prix qui s'appelle la maîtrise de la mer, grâce à quoi nous avons pu tenir, et préparer tout ce qui nous manquait pour vaincre. Car, que serions-nous devenus, si les flottes Austro-Allemandes avaient commandé les routes de l'Océan, en guise des nôtres? Il suffit de se le demander pour comprendre combien est capital le rôle de la marine dans la guerre actuelle.

Il fallut ensuite organiser la chasse aux sous-marins, quand les Boches imaginèrent de s'en servir, dans l'œuvre de destruction infernale renouvelée par eux des barbaries primitives. Cette chasse aussi harassante qu'aventureuse, ce sont, comme on le sait, de petits navires, chalutiers, yachts ou remorqueurs, qui la mènent inlassablement, et nous nous proposons d'en retracer les émouvantes péripéties quand la chose ne présentera plus d'inconvénients.

Puis ce fut le sauvetage de l'armée serbe. Conçu dans un esprit de justice et de pitié auquel il ne sera jamais rendu suffisamment hommage, son heureuse réussite fait le plus grand honneur à la Marine française qui l'a conduit à bien. Je donnerai prochainement un aperçu des difficultés qu'elle eut à surmonter pour remplir une tâche que les anciens auraient certainement jugée digne de prendre place parmi les travaux d'Hercule.

Tout cela, en attendant que sonne l'heure, ardemment souhaitée de tous, officiers et matelots, de se mesurer avec les flottes ennemies, dans une de ces actions — la bataille du Jutland nous en a fourni un avant-goût — auprès desquelles pâliront tous les combats navals d'autrefois, comme acharnement, nombre de vaisseaux envoyés par le fond et milliers d'hommes engloutis, hélas !

Mais il n'y a pas que sur mer que les marins aient payé de leur personne, et surabondamment. Lorsque nos armées durent reculer d'abord, sous la monstrueuse avalanche qui avait mis quarante ans à faire boule, ils accoururent, comme en 1870, demandant à se battre n'importe où et contre n'importe *qui. On verra plus loin un aperçu de la prodigieuse campagne effectuée par la brigade des fusiliers marins, phalange déjà légendaire qui a rendu le nom de Dixmude aussi fameux que celui des Thermopyles.*

Pour mémoire ici, les 30 000 inscrits et réservistes de la Marine cédés à l'Administration de la Guerre, et versés dans les régiments d'infanterie coloniale, où ils ont fait merveille (1) sous les ordres de chefs comme Gouraud et Marchand.

Beaucoup furent utilisés aux auto-mitrailleuses, aux auto-canons, à la protection de la capitale contre les zeppelins et avions. Il y en eut qui armèrent une flottille sur la Seine, tandis que des pièces et des canonniers de la flotte venaient en toute hâte garnir les forts du camp retranché de Paris. Quand l'invasion eut été refoulée, la flottille gagna des rivières plus avancées, en même temps que les canons de marine, avec leurs équipes, grimpaient sur les Hauts-de-Meuse, et y accomplissaient des tours de force que j'espère bientôt raconter.

---

(1) *Comme exemple du cœur avec lequel y vont nos cols bleus, voici la citation décrochée par l'un deux :* « *Desjardins, matelot. Le 4 octobre 1914, étant resté avec un conducteur sur une auto-mitrailleuse, en traversant une ville occupée par l'ennemi, a engagé tout seul une série de combats à divers carrefours, et est parvenu à sortir de la ville en conservant la voiture.* » *Ainsi d'Artagnan, Porthos, Athos et Aramis livrèrent jadis bataille à une armée. Mais ils étaient quatre.* (Moniteur de la flotte *du 14 novembre 1914.*)

Par raconter, j'entends répéter les récits de ceux qui reviennent du front ou du large, transcrire les admirables lettres que je reçois d'un peu partout. Parce qu'en dehors de la considération que, seul, a droit de parler de la guerre qui l'a faite, le fusil ou le cordon tire-feu à la main, et point en amateur, il y a aussi que pas une description ne vaut, sinon tracée sur place et séance tenante. On ne pourra donc se représenter effectivement les différentes scènes du drame en cours, avec leurs alternatives de grandeur et de sauvagerie, que lorsque les combattants recouvreront la liberté de tout dire. Ce jour-là, des havresacs souillés de sang et de boue des soldats, comme des gros sacs ronds, en toile et à « araignées », des matelots, sortiront des carnets de notes dont le contenu ressemblera bien peu, je le crains, à tout ce que l'on aura écrit sur nos héros de terre et de mer. On verra que leurs actes sont très simples, automatiques en quelque sorte, visant des objectifs immédiats qui les absorbent et les rendent indifférents à tout le reste : que l'on supporte plus facilement les violences du corps à corps et le spectacle des plus hideuses boucheries que les énervements de l'attente ; que pour une action d'éclat qui nous est signalée, et dont le plus étonné reste généralement

son auteur, cent autres la surpassant demeurent
inconnues ; que la gloire, au lieu de venir sur des
ailes, n'arrive qu'en se traînant péniblement, tant
elle est lourde de fatigues accumulées, de ventres
vides, de résignation au pire et d'instinctives terreurs
surmontées à force de volonté ; enfin, que le caractère
et la dévotion à un idéal élevé sont toujours, et plus
que jamais, les ressorts qui rendent une nation capable
de l'emporter sur une autre, comme il nous adviendra.

Il apparaîtra aussi que, entre tant de héros
auxquels la Patrie devra son salut, nos marins
méritent une place d'honneur ; non seulement pour
avoir versé leur sang avec une générosité que nul
n'a surpassée, mais peut-être encore davantage à
cause de la part qui leur revient dans la reconquête
du territoire, œuvre qu'il eût été impossible d'entre-
prendre sans eux.

Puissent seulement leurs sacrifices attirer l'attention des pouvoirs publics, trop volontiers indifférents
aux choses de la mer, et provoquer dès maintenant,
parce qu'il serait trop tard ensuite, les mesures
nécessaires à la réparation des pertes subies par
notre admirable Marine, sans laquelle la France
ressemblerait à un grand oiseau qui ne battrait plus
que d'une aile.

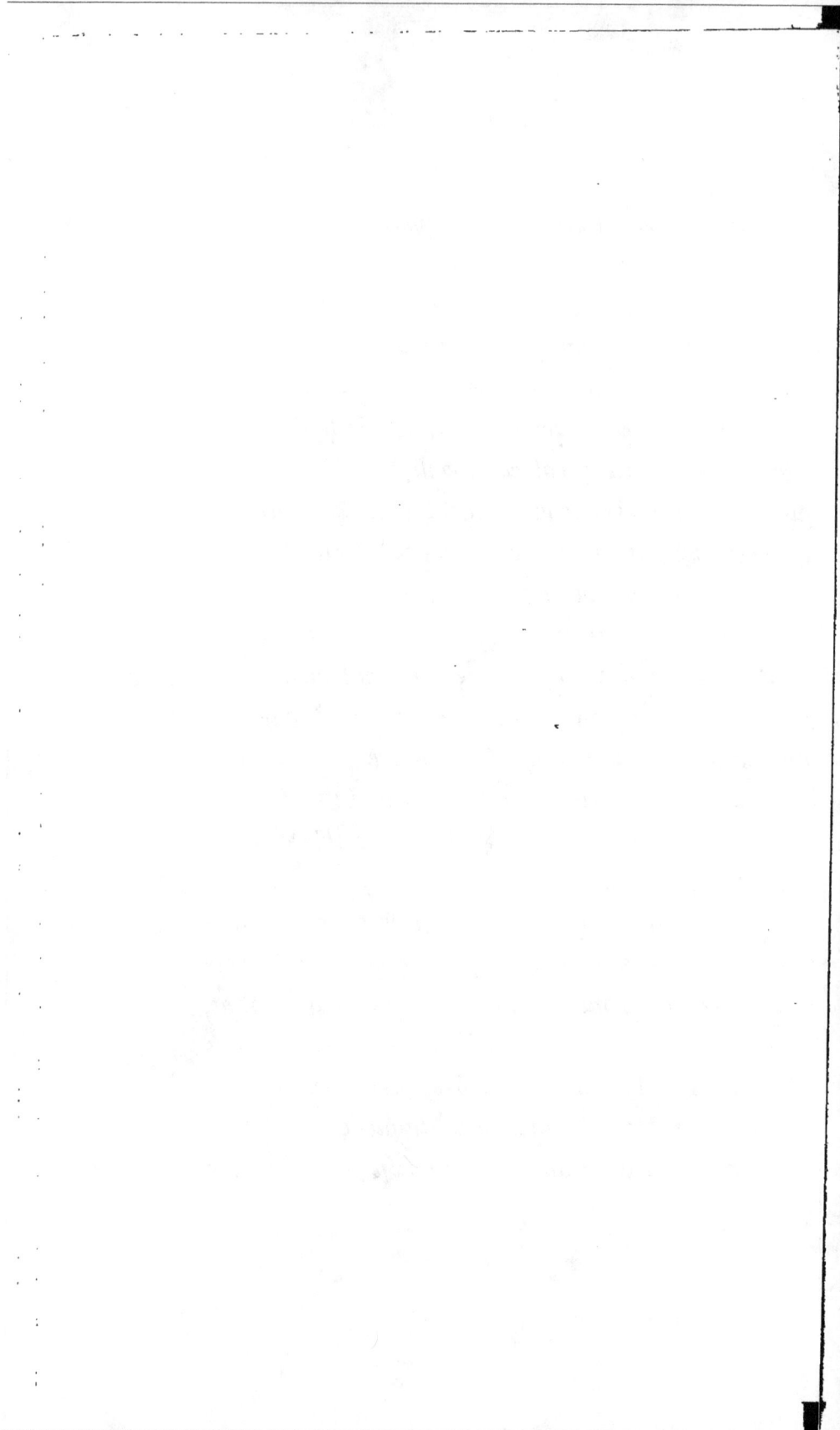

LE RAID

DU *GŒBEN* ET DU *BRESLAU*

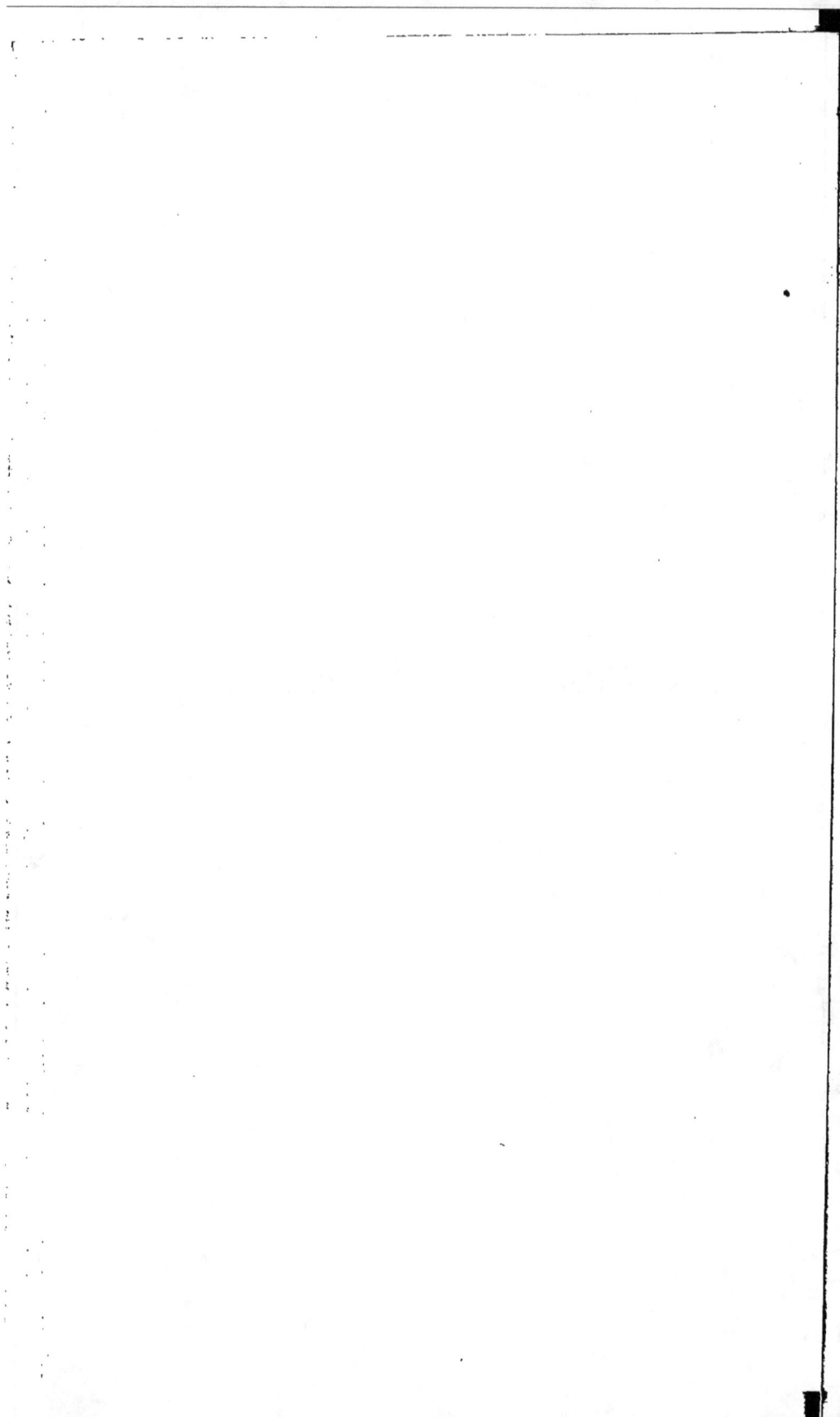

I. — LA PRÉMÉDITATION ALLEMANDE

Personne qui ne se souvienne, comme si c'était hier, de l'attaque si audacieusement exécutée par le *Gœben* et le *Breslau* contre nos côtes algériennes, quelques heures seulement après la déclaration de guerre. Jusqu'à présent, on ne savait pourtant pas grand'chose sur le compte des deux croiseurs-fantômes, sinon que, partis subrepticement du fond de l'Adriatique, ils parvinrent à dépister les escadres chargées de les poursuivre, et finirent par trouver asile à Constantinople, où force leur fut d'arborer le croissant, comme les renégats d'autrefois. Il semblait même qu'Alliés et Allemands fussent d'accord pour ne pas en dire davantage, les uns de crainte que la divulgation de certains détails ne dévoilât trop manifestement combien leur agression avait été préméditée, les autres aimant mieux ne pas avouer comment ils s'étaient laissé jouer. Car ce fut l'apparition du *Gœben* et du *Breslau* devant la Corne d'Or qui acheva de décider la Turquie à se prononcer contre nous, et devint la source première de toutes nos déceptions en Orient. Mais, quelles avaient été leurs péripéties, de Pola aux Dardanelles, voilà ce que l'on ignorerait encore, si nos ennemis, se croyant couverts par la prescription du succès, ne venaient d'en autoriser la relation dans un petit volume récemment publié à Berlin (1), où elles sont exaltées en style de réclame pour produits pharmaceutiques, suivant le plus pur goût boche. Grâce aux renseignements qui s'y trouvent, ajoutés à ceux que nous possédions déjà, il devient aujourd'hui possible de retracer assez exactement les principales scènes de ce prélude maritime à l'effroyable cataclysme qu'ont sauvagement déchaîné les convoitises d'une race sans foi, dont l'unique principe est que la Force prime le Droit.

L'envoi du *Gœben* et du *Breslau* en Méditerranée remonte à plus d'un an avant la guerre. Il témoigne d'une prévoyance que nous devons d'autant plus admirer qu'elle nous a manqué davantage. Possédant un armement formidable — dix pièces de 280 et douze de 150 — le *Gœben* réalisait en outre une vitesse de 28 nœuds que ne donnait

(1) Die Fahrten der *Gœben* und der *Breslau* von Emil Ludwig. — G. Fischer Verlag, Berlin, 1916.

aucun bâtiment similaire, français ou anglais,
pouvant lui être opposé. Avec le petit *Breslau* —
dix canons de 105 et même vitesse — qui lui était
accouplé, ils représentaient une force navale assez
peu nombreuse pour n'éveiller aucune méfiance,
mais capable de remplir n'importe quelle mission
pressée. L'importance du rôle que leur réservait
l'empereur Guillaume ressort d'ailleurs de ce fait,
pas suffisamment remarqué des intéressés, qu'il
en avait confié le commandement supérieur à un
vice-amiral, et non des moindres. D'origine
française et marié avec une Italienne, l'amiral
Souchon était doué d'un grand sens marin, possédant en outre un véritable tempérament de cor-
saire. Il avait par conséquent tout ce qu'il fallait,
tant pour collaborer aux menées tortueuses de
l'abominable fourbe, son maître, que pour tenter
et réussir les entreprises les plus risquées. Toujours
en prévision de la guerre, dans laquelle l'Allemagne rêvait d'entraîner la Turquie, le *Gœben*
avait reçu mission de visiter tout l'Orient. A la
veille du grand branle-bas, en mai 1914, il se
trouvait pour la seconde fois à Constantinople, et
eut l'occasion d'envoyer une corvée de 300 hommes
éteindre un incendie, où un sous-officier et deux
matelots furent victimes d'un dévouement beau-

coup plus empressé que gratuit. Les Dardanelles
n'avaient, par conséquent, plus de secrets pour
lui, non plus que les Jeunes-Turcs au pouvoir,
clique sur laquelle il saura comment faire pression, quand besoin sera. Et c'est ainsi que les Allemands se disposaient à nous damer le pion, dans
une mer qui aurait dû leur être aussi impra-
ticable qu'à nous la Baltique.

II. — PRÉPARATIFS D'AGRESSION

Le 28 juin, lorsque l'horizon se chargea tout d'un
coup, à la suite de l'attentat de Serajevo, le *Gœben*
était mouillé devant Khaïfa, sur la côte de Syrie,
et fut brusquement rappelé à Pola. Quant au
Breslau, il figurait parmi les navires des grandes
puissances rassemblés au large de Durazzo, afin
de surveiller les événements d'Albanie. Il y voisi-
nait même avec le croiseur anglais *Gloucester*, celui
qui devait bientôt lui appuyer la chasse à coups de
canon. Mais, à ce moment-là, on jouait au *water-
polo* et les équipages échangeaient amicalement
les rubans de leurs bonnets. Maintenant réunie
dans l'Adriatique, la division allemande se trouvait
admirablement embusquée pour attendre la guerre
que les deux empereurs de proie étaient dès lors

résolus à précipiter coûte que coûte. Si la flotte autrichienne se décidait à sortir, le prétexte de l'éclairer permettrait à l'amiral Souchon de prendre discrètement la conduite des opérations. Dans le cas contraire, qu'allait amener l'abstention de l'Italie, il pourrait bondir de là pour se livrer tout d'abord à quelque brigandage sensationnel, comme, par exemple, couler un certain nombre des paquebots employés au rapatriement de notre armée d'Afrique. Car les sinistres comédiens de Berlin avaient tout prévu, jusqu'à l'effet qu'eût produit l'annonce d'une semblable catastrophe dans leur premier communiqué officiel. Et peu s'en fallut que le coup ne réussît !

A tel effet, le 1er août, le *Gœben* descendait en catimini de Pola à Brindisi, et y était rallié par le *Breslau*. De là, route sur Messine où on arrivait le lendemain soir. Un de ces « hasards » qui démontrent jusqu'à l'évidence la préméditation allemande, y amenait, le même jour et à la même heure, le grand paquebot le *General*, de la Compagnie de l'Afrique orientale. Et quels que soient les chemins que les deux croiseurs seront amenés à suivre, partout, ils trouveront ainsi, et par le même effet du hasard, des bateaux pour les ravitailler. Celui-là, on avait même poussé la pré-

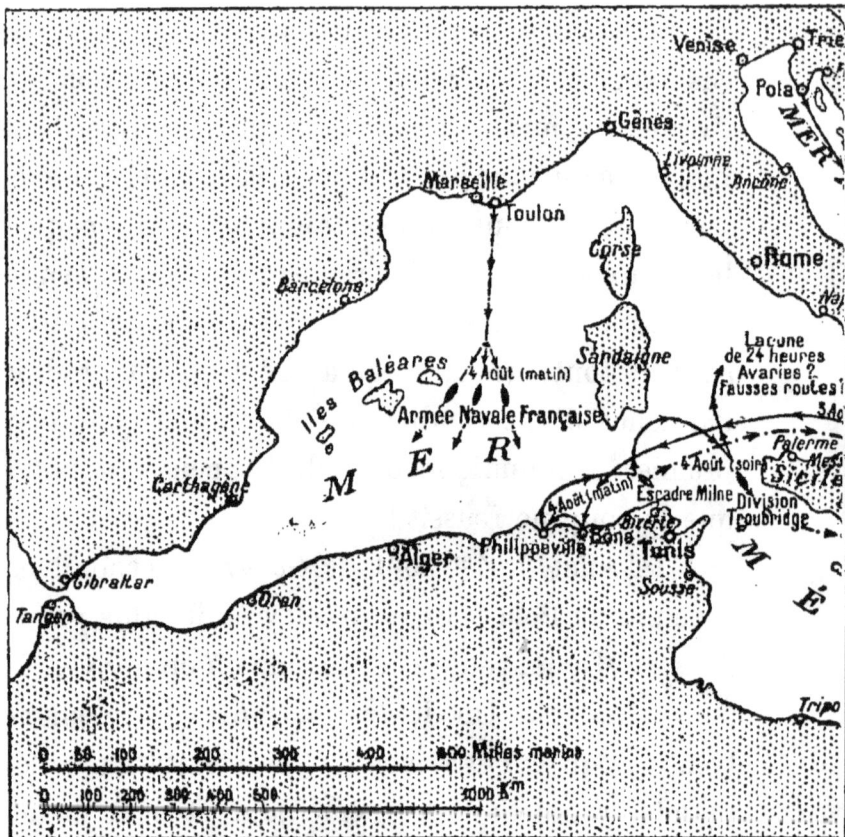

La poursuite du *Gœben* et du [...]

Le trait plein, avec flèches de direction, indique l'itinéraire des deux [...]
Dardanelles (10 août). Le trait interrompu, également avec flèches [...]
Troubridge, tandis que l'armée navale française protégeait nos transp[...]

...lau à travers la Méditerranée.

...urs allemands depuis Pola et Brindisi (1er et 2 août 1914) jusqu'aux
...ne les itinéraires suivis par l'escadre britannique Milne et la division
...le troupes_d'Algérie.

voyance jusqu'à le munir d'une provision de fez,
pour si jamais les matelots allemands éprouvaient
le besoin de se déguiser en Turcs — tant nos ennemis
menaient d'intrigues à la fois, et s'y montraient
fertiles en expédients ! Mais la question de Constantinople se posera plus tard. A présent, il s'a-
gissait d'étonner le monde, en allant surprendre
notre littoral algérien avant que mis en état de
défense. Et, comme les événements se précipi-
taient, le *Gœben* et le *Breslau*, arrivés à Messine
le 2, vers 7 heures du soir, en repartaient précipitamment à une heure du matin, pour destination
inconnue de tous, sauf de l'amiral. Distance de
Messine à Philippeville, 400 milles — la même
que de nos côtes de Provence, notons-le en passant.

III. — MOUVEMENTS DES ESCADRES FRANÇAISES ET ANGLAISES

Informée la veille de la présence en Sicile des
croiseurs allemands, notre armée navale, rassem-
blée sur rade de Toulon, appareille le 3, à 4 heures
du matin. Son départ tardif et, ensuite, la lenteur
de sa marche, tiennent vraisemblablement à ce que
la guerre n'est toujours pas déclarée, et que l'on
n'a pas encore l'absolue certitude de la neutralité

italienne. Il nous faut donc rester prêts à la parade n'importe où, tandis que les Allemands se donnent tous les avantages de l'attaque brusquée. Mais avec trois heures de retard et allant moitié moins vite qu'eux, l'amiral Boué de Lapeyrère ne pourra naturellement rien empêcher. Quoique ne s'étant pas encore prononcés, les Anglais ont déjà envoyé deux croiseurs de bataille, l'*Indefatigable* et l'*Indomitable*, surveiller la sortie de Messine, pendant que la division du c.-a. Troubridge (*Defence, Warrior* — celui qui a coulé après s'être couvert de gloire dans la bataille du Jutland — *Duke of Edinburgh, Gloucester,* et une douzaine de destroyers) se porte entre la Sicile et la Tunisie. Demeuré à Malte pour y recevoir les dernières instructions de l'amirauté, le v.-a. Milne ne prendra le large que dans la soirée du 3, avec l'*Inflexible,* l'*Invincible* et le *Weymouth*.

La chance, ou l'habileté, de l'amiral Souchon fut d'échapper aux uns comme aux autres. Il doublait la Sardaigne par le sud quand, à 6 heures du soir (le 3), la télégraphie sans fil lui apporta la nouvelle de la guerre — Allemagne contre France — qui ne devait toutefois nous être déclarée qu'à 10 heures le même soir. Les marins du *Gœben* et du *Breslau* l'accueillirent avec une joie délirante. Manifes-

tation qui renversera toutes nos idées sur la discipline allemande, l'amiral fut enlevé sur les
épaules de ses hommes et promené en triomphe.
Il affecta même de conserver pendant plusieurs
jours les vêtements blancs où les mains des chauffeurs s'étaient imprimées en noir. Aussitôt la nuit
venue, il prescrivit au *Breslau* de se diriger vers
Bône, de façon à y être rendu au petit jour, pendant que lui-même se présenterait devant Philippeville. Après y avoir fait tout le mal possible,
on aviserait, suivant les circonstances.

IV. — COUP DE THÉATRE

C'est alors que lui parvint l'ordre inopiné de
conduire immédiatement ses bateaux à Constantinople. Ordre décisif et d'une haute portée politique, ajoute notre auteur, visiblement inspiré.
Je crois bien ! Pour la diplomatie allemande, il ne
s'agissait rien moins que de parer à l'effondrement
de son plan, lequel supposait la non-intervention de
l'Angleterre. Or, celle-ci se disposant à se ranger
du côté du Droit et de la Justice, qu'allaient devenir le *Gœben* et le *Breslau*, lancés qu'ils étaient au
beau milieu de la Méditerranée, et menacés de se
voir couper toute retraite par les croiseurs bri-

tanniques déjà sur leur piste? Faire semblant de les
vendre à la Turquie, où le *Gœben* avait si favora-
blement préparé le terrain, serait les sauver en
même temps que s'assurer la complicité du soi-
disant acheteur. Et quel meilleur moyen de forcer
la main à ces excellents Turcs, que de leur envoyer
tout de suite les croiseurs en détresse? D'où la
dépêche qui enjoignait au *Gœben* et au *Breslau* de
virer de bord. Mais comme ils n'auraient pas eu
assez de combustible pour aller jusqu'à Constantinople, un charbonnier devait les attendre sous le
cap Matapan. Devant des instructions aussi
impératives, il semblait, n'est-ce pas, que l'amiral
Souchon n'eût qu'à obéir? Eh bien ! en chef que les
responsabilités n'accablent point, il n'hésita pas un
seul instant à commencer par exécuter ce qu'il
avait précédemment décidé, « pour que le premier
coup de canon fût tiré en mer par les Allemands,
et montrer au monde comment un de leurs vaisseaux, seul en Méditerranée, et entouré de flottes
ennemies, allait bombarder le territoire de l'adversaire au premier matin de la guerre ». Ce sont,
du moins, les intentions que lui prête son pané-
gyriste. Mais j'imagine qu'en s'obstinant à gagner
l'Algérie, il aura plutôt cherché à entraîner les
Anglais dans l'Ouest, afin de les égarer sur son

véritable but et de pouvoir ensuite les semer plus facilement.

Le moment n'étant pas venu où l'on puisse tout dire, nous passerons sur le bombardement de Bône et de Philippeville où, par bonheur, l'embarquement des troupes n'était pas encore commencé. Après ce très peu glorieux exploit, les deux croiseurs boches disparurent à l'horizon, ayant mis ostensiblement le cap à l'Ouest pour dérouter les guetteurs qui signalaient leurs mouvements. Mais, à peine hors de vue, changement de cap, et en route pour les Dardanelles. Toute la question était de savoir s'ils en trouveraient le chemin libre.

V. — MANŒUVRES

Nous avons vu, tout à l'heure, que notre armée navale avait quitté Toulon le 3 août, à 4 heures du matin. Elle formait trois groupes qui se dirigeaient en éventail sur les principaux ports algériens. Composé de la 1re escadre : *Diderot* (v.-a. Chocheprat), *Danton, Vergniaud, Voltaire* (c.-a. Lacaze), *Mirabeau, Condorcet*, de la 1re division légère : *Jules Michelet* (c.-a. de Sugny), *Ernest Renan, Edgard Quinet*, et de 12 torpilleurs, le premier groupe était à destination de Philippeville. Le

second comprenait le *Courbet* (v.-a. Boué de Lapeyrère, commandant en chef), la 2e escadre :
Patrie (v.-a. Le Bris), *République*, *Démocratie*,
Justice (c.-a. Tracou), et *Vérité*, la 2e division
légère : *Léon Gambetta* (c.-a. Sénès), *Victor Hugo*,
Jules Ferry, 12 torpilleurs, et piquait droit sur
Alger, tandis que le troisième, dont faisait partie
la division de complément : *Suffren* (c.-a. Guépratte), *Gaulois*, *Bouvet*, le *Jauréguiberry* (c.-a.
Darrieus) et 4 torpilleurs, obliquait dans la direction d'Oran.

Marchant à moins de 12 nœuds, l'amiral Boué
de Lapeyrère se trouvait seulement par le travers
des Baléares, le lendemain matin, 4 août, quand il
reçut avis que les croiseurs allemands attaquaient
Bône et Philippeville. Car la mer n'est plus le
morne et silencieux désert d'autrefois. Depuis la
télégraphie sans fil, elle ressemble à une forêt où
des oiseaux de toute espèce mènent grand ramage,
chacun dans sa langue. Non seulement les navires
y restent en communication constante avec la mer,
mais l'approche de voisins leur est révélée par les
ondes parlantes qu'ils émettent ou reçoivent. Si
on ne les voit pas, on les entend. On peut même
saisir leurs conversations les plus confidentielles
quand, comme les Allemands, on a eu soin de

cambrioler par avance les codes secrets de tout le monde. C'est pourquoi, de même que l'amiral français était prévenu des mouvements du *Gœben* et du *Breslau*, ceux-ci avaient connaissance du danger dont les menaçaient notre armée navale sur leur gauche et les Anglais de l'autre côté. Ignorant que les Allemands avaient déjà pris un parti, les autres ne pouvaient que leur supposer un des trois projets suivants : sortir par Gibraltar, en lançant peut-être quelques *nouveaux* obus contre Alger ou Oran — hypothèse que corroborait la présence d'un charbonnier allemand aux Baléares — tâcher de regagner Pola, ou, la porte de Suez étant désormais condamnée pour eux, se réfugier aux Dardanelles. Le malheur voulut que cette dernière éventualité fût la seule à ne pas être envisagée. Notre flotte se contenta de constituer un barrage à l'Ouest, pendant que les Anglais ne songeaient qu'à fermer l'Adriatique.

Pour apprécier comment manœuvrèrent les escadres de l'Entente, il faudrait connaître leurs instructions. En ce qui concerne la nôtre, quel était son objectif principal ? Courir sus à l'ennemi afin de le détruire, en laissant nos transports exposés à une surprise de moins en moins probable avec la neutralité de l'Italie (laquelle ne sera pourtant

proclamée que le 3 août à 18 h. 30) et la coopération de l'Angleterre qui deviendra officielle dans
la soirée du 4? Ou, au contraire, rester sur la
défensive en se bornant à escorter les paquebots
affrétés? Ce fut, de toutes manières, à la seconde
alternative que se tint l'amiral Boué de Lapeyrère.
En prévision du cas où les deux croiseurs médi-
teraient une attaque contre Alger, ordre fut lancé
au 1er et au 2e groupe de se diriger à grande vitesse
sur le cap Matifou, au large duquel ils formeront
cercle et monteront la garde de 3 heures l'après-
midi le 4, jusqu'au lendemain matin. Comme on ne
voyait toujours pas venir le *Gœben* et le *Breslau*,
qui auraient pourtant dû paraître avant 6 heures
du soir, un peloton, comprenant le *Courbet*, le
Vergniaud et le *Condorcet*, alla explorer les Baléares, où ils pouvaient être allés charbonner,
cependant que le reste surveillait le passage de
nos troupes d'Afrique à travers la Méditerranée.

VI. — RENCONTRE DES ANGLAIS AVEC LE « GŒBEN »
ET LE « BRESLAU »

On sait déjà que les croiseurs allemands allaient
à l'opposé des parages où nous les supposions. Vers
11 heures du matin, le 5, à 20 milles au Nord de

l'îlot de la Galite, entre Tunisie et Sardaigne, ils
rencontraient l'amiral Milne, dont nous avons précédemment annoncé le départ de Malte à leur
recherche, avec l'*Inflexible* et l'*Invincible* qu'éclai-
rait le *Weymouth*. Les deux divisions font route
opposée et à 18 nœuds. Que vont-elles échanger
en passant à contre-bord avec une vitesse relative
de 70 kilomètres : des saluts ou des coups de canon ?
Aucun des deux. La guerre entre son pays et l'Allemagne n'étant pas encore déclarée — elle ne le
sera que dans douze heures — l'amiral Milne ne
peut pas ouvrir le feu, et l'amiral Souchon qui,
moins ancien, devrait saluer le premier, estime
que l'heure n'est plus aux politesses. Le moment
est poignant : tout le monde aux postes de combat,
jumelles braquées, énormes pièces prêtes à tirer,
le moindre geste mal interprété risquant de provoquer un duel à mort qui eût, instantanément, mis
fin à la croisière du *Gœben* et du *Breslau*. Mais rien
de pareil ne se produit. Seulement, à peine les ont-
ils dépassés, que les Anglais font demi-tour et se
mettent à les suivre, en attendant le signal invisible qui les autorisera à foncer dessus.

Heureusement pour eux, le *Gœben* et le *Breslau*
ont l'avantage de la vitesse. En forçant la chauffe
à outrance, ils arrivent à distancer l'*Inflexible* et

l'*Invincible* qui sont perdus de vue à 3 heures
après-midi. Seul, persistait le *Weymouth*, qu'ils
entraînèrent dans la direction de Naples. Puis,
quand la nuit fut venue, l'amiral Souchon profita
de nuages propices pour redescendre vers Messine,
car la lutte de vitesse avec les Anglais avait
presque vidé ses soutes et il fallait en refaire le plein
avant de pousser plus loin. A 11 heures du soir, il
est informé que l'Angleterre vient de déclarer la
guerre et ses matelots en sont consternés. « Pareille nouvelle ne pouvait décevoir personne autant
que nos marins — confesse M. Émile Ludwig. Ils
se tenaient debout, auprès de leurs canons,
lorsque leurs officiers la leur apprirent, et ils les
écoutèrent en silence. » C'était le premier empêche-
ment grave que rencontrait le kaiser à l'exécution
du plan par lequel il avait espéré asservir l'Europe,
avant qu'elle ait eu le temps de se mettre en garde
contre son formidable guet-apens.

VII. — A MESSINE

Le 5 août, à 4 heures du matin, encadrés par des
torpilleurs italiens, les deux croiseurs boches
mouillent à Messine. « Depuis cinquante-deux
heures qu'ils en étaient partis, ils avaient bom-

bardé deux villes, reçu deux déclarations de guerre,
et échappé à un ami qui, le même soir, devenait
un ennemi. » Pendant que l'on embarque hâtivement du charbon, les équipages vont se reposer à
bord du paquebot le *General*, retrouvé là, et se
couchent « tout noirs sur les lits tout blancs dans
lesquels, trois jours auparavant, des dames riches
commençaient leur luxueuse traversée vers l'A-
frique et rêvaient d'une élégance tropicale », pour
donner une idée du style dans lequel est écrit le
livre que je cite. Le tantôt, on apprend que les
Anglais surveillent les deux issues du détroit. Pour
en sortir, il faudra probablement combattre, et la
perspective d'affronter les dreadnoughts de l'amiral Milne ne réjouit pas le cœur des équipages
allemands, qui font leur testament. Si on pouvait
seulement retarder l'échéance, attendre une occasion pour filer inaperçus? Mais, vers le soir, des
officiers italiens viennent rappeler que la neutralité de leur pays ne permet pas de donner asile pendant plus de vingt-quatre heures aux bâtiments
de guerre des nations belligérantes. Sommation
devant laquelle l'amiral Souchon est obligé de
s'incliner, en obtenant toutefois que le délai ne
courra qu'à partir de ce moment-là.

Pour revenir aux Anglais, disons en peu de mots

que l'amiral Milne, après avoir perdu trace des
fugitifs à l'Est de la Sardaigne, eut le flair de
rabattre sur la côte Nord de Sicile, pendant que la
division Troubridge gardait le canal d'Otrante.
Car on continuait à ne pas admettre la possibilité
d'une évasion par Constantinople. Et les Allemands employaient toute leur astuce à entretenir
pareille erreur, lançant notamment des radio-
télégrammes en clair, par lesquels le *Gœben* était
invité à rallier l'escadre autrichienne qui allait
prétendument sortir pour livrer bataille à la flotte
française.

A bord des navires allemands, les dispositions ont
été prises en vue d'un combat sans merci. Gorgés
de mets succulents et de vins fins que leur four-
nissent les cambuses du *General*, les équipages sont
en outre électrisés par la musique et enflammés à
l'aide de discours patriotiques : « Au large se
trouvent deux flottes ennemies. Nous ne sommes
que deux, et malgré cela nous voulons passer.
Souvenez-vous de la fin de l'*Iltis* ! (1) » dit à ses
hommes le capitaine de vaisseau Ackermann,

(1) Faute de pouvoir rappeler des fastes militaires que
ne possède pas la marine boche, le commandant du *Gœben*
faisait allusion à la perte d'une canonnière qui, dans les
mers de Chine, en 1896, fut jetée à la côte par un typhon,
et dont l'équipage périt presque tout entier.

commandant du *Gœben*. Enfin, arrive un sans fil :
« Sa Majesté attend que le *Gœben* et le *Breslau*
percent avec succès. » Et, à 5 heures du soir, terme
assigné à leur relâche, les deux croiseurs quittent
la rade, suivis à distance par le *General* auquel
rendez-vous est assigné dans les parages de Santorin. Au départ, musique, hourras, bonnets en
l'air, toutes les manifestations par lesquelles les
hommes essaient de se monter au diapason voulu
pour faire meilleur marché de leur pauvre vie...

VIII. — AUX TROUSSES DES DEUX CROISEURS BOCHES

Or, à peine le *Gœben* débouquait-il du phare de
Messine par le Sud, que ses vigies signalaient :
« Un croiseur par bâbord devant ! » C'était le
Gloucester, chargé d'observer la sortie de ce côté-là.
Il ne restait qu'à 10 kilomètres et les canonniers allemands brûlaient d'essayer leur adresse
sur un ennemi qu'ils pouvaient couler sans danger.
Mais l'amiral refuse d'en donner l'ordre. Il défend
également aux télégraphistes d'embrouiller les
communications du *Gloucester* qui s'évertue à prévenir les amiraux Milne et Troubridge que les deux
croiseurs sont hors du détroit. Combattre, c'est

risquer une **avarie**, des retards. Par ailleurs, nul
inconvénient, au contraire, à ce que les Anglais
soient bien persuadés qu'il veut gagner l'Adriatique. Il continue donc sa route au Nord-Est
comme quelqu'un de très pressé, qui serait absolument résolu à s'ouvrir le passage vers Pola. Mais,
à 10 heures du soir, comme ils se trouvaient entre
le cap Spartivento et le cap Colonne, le *Gœben*
et le *Breslau* vinrent brusquement sur la droite,
pour piquer dans le Sud. Alors, permission aux
artistes de la T. S. F. de se livrer à toutes les fan-
taisies possibles, en vue de gêner et de fausser les
communications entre le *Gloucester* et ceux qu'il
s'efforce de renseigner. On raconte même, quoique
les Allemands le démentent, que, possédant les
codes secrets de leurs adversaires, ils auraient
envoyé au contre-amiral Troubridge l'ordre de
rentrer à Malte, comme si ce fût son chef qui lui
télégraphiait. Mais les Anglais — seuls à connaître
ce qu'il fit alors, et pourquoi — ayant toujours
refusé d'en rien dire, nous respecterons le silence
qu'ils veulent garder à ce sujet. On sait du reste
que ce contre-amiral, petit-neveu d'un des meilleurs capitaines de Nelson et son grand ami,
passa en conseil de guerre et fut acquitté. Il vient
même d'être promu au grade supérieur. Quant à

l'amiral Milne, il fut obligé d'aller charbonner à
Malte avant de repartir en chasse dans la Méditerranée orientale, où allait se dérouler le dernier
acte de la comédie.

Cependant, le brave petit *Gloucester* n'avait pas
perdu le contact. A 11 h. 45 du soir, il s'était même
rapproché à 5 000 mètres du *Breslau*, et lui envoyait une torpille qui passa, paraît-il, assez près du
but. Le lendemain matin, 7 août, ayant constaté
que l'Anglais ne démordait pas, l'amiral Souchon
essaya de lui donner le change. Il fila devant, avec
le *Gœben*, et chargea le *Breslau* de faire un gros
nuage de fumée dont tous deux profiteraient, grâce
au vent favorable qui le rabattrait sur le *Gloucester*, pour se dissimuler derrière des petites îles
dans l'Ouest du cap Matapan. Voyant quoi, ce
dernier attaqua, bien qu'à distance de 14 kilomètres, extrême portée de son unique 152 de chasse.
Mais, au premier coup de canon, le *Gœben* revint
au secours du *Breslau*, et, devant son intervention,
le *Gloucester* dut renâcler. Il avait réussi à loger un
projectile dans la partie arrière du *Breslau*, et n'eut
qu'une embarcation fracassée. Détail curieux : sur
l'Allemand, se trouvait un lieutenant de vaisseau
qui, cinq semaines auparavant, avait épousé la
sœur d'un des officiers du *Gloucester*.

IX. — ENFIN ! CHEZ LES TURCS

A présent, entr'acte de charbonnage pour tout
le monde. Car, aux allures de chasse, c'est avec une
rapidité vertigineuse que se consume la provision
de combustible des grands croiseurs. Des Anglais,
nous savons que ceux de l'amiral Milne allèrent se
ravitailler à Malte. Les autres, ce fut aux îles
Ioniennes. Les Allemands devaient retrouver le
General à Santorin. Mais, comme nous l'avons vu
déjà, ils avaient eu la précaution d'expédier un
autre cargo sous le cap Matapan, afin que l'amiral
Souchon restât plus libre de ses mouvements.
Inclinons-nous une fois de plus devant la supériorité d'une préparation que nous ne sommes
pas encore parvenus à imiter, témoin la surprise
de Verdun. Alors, se produisit un contre-temps
qui aurait pu être fatal aux Allemands, si les
Anglais n'eussent été obligés de revenir sur leurs
pas, et nous, en train de protéger un transport
de troupes que personne ne menaçait. A peine
l'amiral Souchon était-il débarrassé du *Gloucester*,
qu'il recevait avis d'attendre, les Turcs faisant
difficulté pour lui ouvrir les Dardanelles. Attendre,
mais où ? Il fit choix de la toute petite île de Denusa,

une des Cyclades, pourvue d'une rade excellente et tellement en dehors des routes fréquentées que les quelques dizaines de pêcheurs qui l'habitent ne se doutaient même pas qu'il y eût guerre en Europe. Pour déjouer toute tentative d'espionnage, les noms des bâtiments furent dissimulés sous des toiles, et les rubans des matelots retournés. Jamais rien d'oublié, chez nos ennemis. Là, ils charbonnèrent tranquillement, pendant que la diplomatie allemande agissait auprès de la Sublime Porte. Et, pour savoir ce qui s'y passait, le *General* eut ordre de se rendre à Smyrne où il servirait de relais pour la T. S. F. entre Constantinople et le *Gœben*.

Mais, le 9 au soir, aucune réponse n'était encore arrivée. Sentant les Anglais de nouveau sur ses talons, l'amiral Souchon se rendit compte que rester plus longtemps à Denusa serait de la dernière imprudence. Ce fut pour lui l'occasion de prendre une détermination qui prouve combien l'empereur pouvait à bon droit compter sur son esprit de décision. A 3 h. 45 du matin, il appareilla et mit le cap droit sur les Dardanelles, déterminé, affirme l'auteur allemand, à forcer l'entrée si on ne la lui accordait pas. Il devait, dans tous les cas, avoir les meilleures raisons de croire qu'il ne serait pas

obligé d'en venir à semblable extrémité. Le
General, qui continuait à télégraphier qu'on igno-
rait toujours comment les deux croiseurs seraient
reçus, fut envoyé de Smyrne à Constantinople.

Enfin, le 10 août, à 5 h. 17 de l'après-midi, le
Gœben et le *Breslau* atterrissaient sur le cap Hellès,
et demandaient un pilote pour entrer. Leur
anxiété était d'autant plus grande qu'ils savaient
maintenant l'amiral Milne tout près derrière.
Mais un petit vapeur se montra aussitôt, battant
le signal : « Suivez-moi. » Et, tout de suite, les
Allemands donnèrent dans le détroit. Quatre
heures plus tard arrivaient les Anglais, précédés
par le *Weymouth.* Il faisait déjà nuit, et ils durent
attendre jusqu'au lendemain matin pour demander, d'abord si le *Gœben* et le *Breslau* étaient là,
à quoi aucune réponse, ensuite l'autorisation de
franchir le seuil interdit, laquelle leur fut refusée.
C'était peut-être le moment ou jamais de passer
outre, comme Suffren à La Praya, ou Nelson
devant Copenhague. Il est vrai que ni l'un ni l'autre
n'avaient la télégraphie sans fil, cet obstacle à
toute initiative qui remet les décisions les plus
urgentes à de lointains conseils où l'on délibère
au lieu d'agir. Mais, pour que pareille audace eût
chance d'aboutir, il aurait fallu s'y résoudre dès

la veille au soir, car pendant la nuit, les Allemands occupaient les forts, garnissaient les projecteurs, mettaient des pointeurs aux pièces, et ne perdaient pas une minute pour préparer des mines.

X. — RENÉGATS !

Pendant que le *Gœben* et le *Breslau* achevaient cette randonnée mouvementée, la diplomatie du kaiser préparait leur entrée à Constantinople. Et elle réussissait non seulement à en masquer le caractère piteux, mais encore à la présenter sous telles couleurs qu'elle servit la cause allemande au lieu de lui nuire. Car, si les Jeunes-Turcs avaient partie liée avec Berlin, les braves et honnêtes vieux Osmanlis restaient malgré tout nos amis. Afin de les circonvenir, l'homme aux chiffons de papier et son digne partenaire Enver pacha imaginèrent un de ces mensonges qui ne pouvaient prendre que sur les rives du Bosphore, dernier pays où l'on avale encore les contes à dormir debout. Au moment de la guerre, la Turquie faisait construire en Angleterre deux dreadnoughts, produit d'une souscription nationale à laquelle le plus pauvre portefaix de Stamboul avait contribué de son obole, et le peuple les attendait avec l'impatience d'un enfant

pour le jouet qu'on lui a promis. Or, le jouet dont il
s'agissait, les Anglais venaient de le saisir, en vertu
du même droit de réquisition que les Allemands
étaient les premiers à exercer sur tout le matériel
naval que les neutres avaient commandé dans
leurs chantiers privés. Mais les bons Turcs ne connaissant absolument rien aux subtilités du droit
international — c'étaient les bourreaux de la
Belgique qui osaient l'invoquer ! — il ne fut pas
difficile de les monter contre nous et nos alliés, en
leur persuadant qu'une pareille mesure constituait
un acte essentiellement inamical. Heureusement,
ajoutait-on, que l'empereur *Guilloum* était là qui,
pour remplacer les cuirassés dont on privait ainsi
la Turquie, lui envoyait généreusement ses deux
plus beaux navires, le *Gœben* et le *Breslau*, avec
états-majors et équipages au grand complet ! Et
comment douter du fait quand on les vit arriver
en livrée de renégats, ayant amené le pavillon
écartelé de la croix de fer des anciens chevaliers
teutoniques pour arborer le croissant et coiffer le
fez? Car c'est ainsi que le tour fut joué. Évidemment, il en avait fallu beaucoup moins quand, le
soir de Pavie, François 1er faisait remettre sa bague
à Soliman le Magnifique, et que ce simple geste
suffisait pour précipiter l'Islam sur l'Allemagne et

4

la Hongrie. Mais la même confiance ne pouvant
pas régner, et pour cause, entre Guillaume le
Menteur et Mehmed le Gâteux, quoi de plus com-
préhensible que celui-ci exigeât des garanties un
peu plus sérieuses de l'impérial malandrin qui
implorait son secours?

AUX DARDANELLES

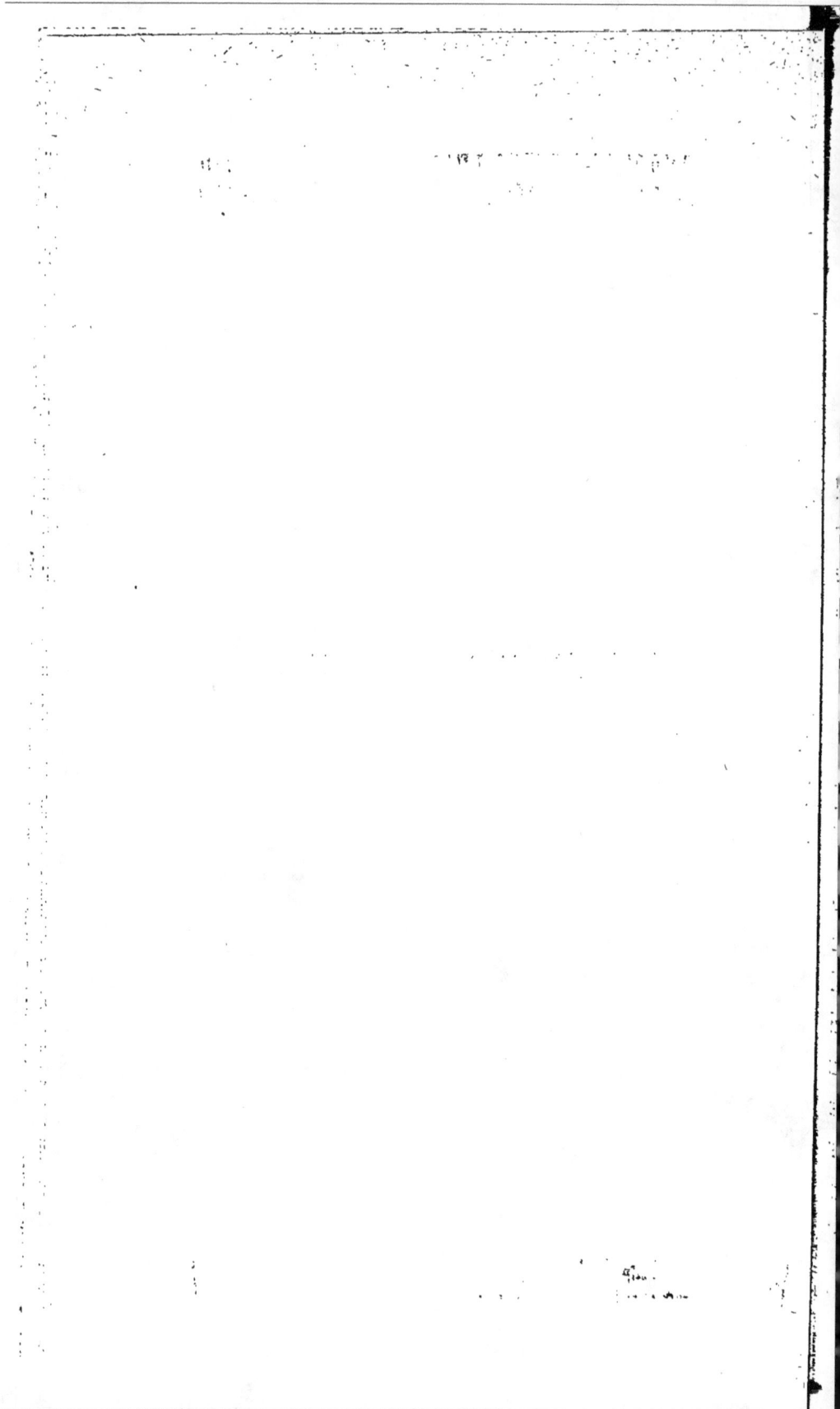

I. — PREMIERS COUPS DE CANON

Le 10 août, lorsque les deux croiseurs turco-boches eurent enfin doublé les Dardanelles, la division anglaise qui était à leurs trousses s'établit en faction devant l'entrée. Telle une meute, au seuil du terrier où le renard vient de réussir à se dérober. Six semaines plus tard, le peloton de surveillance fut renforcé par deux premiers cuirassés français, le *Suffren*, battant pavillon du contre-amiral Guépratte, et la *Vérité*, en attendant mieux. Et maintenant que nos marins vont entrer en scène, je leur céderai la parole le plus souvent possible, nul ne pouvant raconter mieux qu'eux-mêmes les brillants épisodes que notre escadre des Dardanelles a ajoutés aux fastes maritimes de la France. Car, si le public est familier avec le mathurin qui se bat à terre, et connaît assez bien les héros de Dixmude ou de Nieuport, il ne sait en revanche pas grand'chose de ce que les autres ont fait et souffert sur leur propre élément. Remplir noblement et simplement leur devoir, qu'il s'agisse de nous assurer la liberté des mers en tenant pendant des mois et des mois les plus dures croisières, nuit et jour aux postes de veille contre la mine sournoise ou l'invisible sous-marin dont la rencontre, un beau jour, risque de tout faire disparaître, navire et équipage, dans un cataclysme de fin du monde, ou que le jour tant désiré luise enfin de conduire leur bâtiment au feu, avec la crânerie et la belle humeur que nous allons voir, — tout cela leur semble tellement naturel qu'ils n'éprouvent aucun besoin de s'en vanter, même pas de le dire. De hâtifs comptes rendus donnés par les journaux représentent à peu près les seuls échos qui nous en soient parvenus. On trouvera ici, j'espère, de quoi combler un peu cette lacune et rendre meilleure justice aux admirables officiers et matelots qui servent si magnifiquement le pays à la mer. Nous n'avons pas craint d'y ajouter quelques détails sur la vie à bord en temps de guerre, afin que le lecteur puisse se faire une idée de ce que représentent un cuirassé, un torpilleur ou un sous-marin en action.

« C'est le 26 septembre 1914 que nous aperçûmes pour la première fois l'entrée des détroits, et les rivages épiques qui servirent de champ de bataille aux héros d'Homère — écrit un jeune enseigne de vaisseau. A vrai dire, nous fûmes un peu déçus. Sans doute le ciel était bleu, la mer encore davantage, et l'air de cette pureté incomparable qui est une des bénédictions de l'Orient. Mais quelle morne impression se dégageait de la côte, triste et déserte, qui se déroulait à nos yeux ! Et quelle imagination il avait fallu au père de toute poésie, pour chanter ces collines jaunâtres et pelées, d'une couleur si plate et si uniforme ! A moins que tout cela n'ait bien changé depuis que la flotte grecque vint, trois mille ans avant la nôtre, s'attaquer aux Turcs d'alors. » Et tout de suite après ces inévitables réminiscences classiques, à la besogne. « La soudure entre les Anglais et nous s'opéra immédiatement. Le soir même de notre arrivée, nous appareillâmes pour passer la nuit à naviguer ensemble, sans feux de route, et le lendemain quelques évolutions « tout à la fois » achevèrent de démontrer que l'escadre combinée possédait d'ores et déjà toute la cohésion désirable. Résultat qui fut obtenu d'autant plus rapidement qu'il répondait à un état d'esprit unanime, gage du parfait accord qui n'a cessé de régner, depuis, entre marins français et anglais, dans la meilleure et parfois la plus émouvante fraternité d'armes. » (Journal du capitaine de frégate Bergasse du Petit-Thouars, commandant en second du *Suffren*.)

Armies on land, the fleets at sea,
What better alliance could there be?
We will lead the german dogs a dance,
England for ever ! Vive la France ! (1)

comme rimaient les jeunes officiers torpilleurs anglais dans le *Tenedos Times* (illustré, s'il vous plaît), qu'ils s'amusaient à publier pour tromper leur impatience. Enfin, le 3 novembre, lorsque la Turquie se fut décidément mise à la remorque des deux empires de proie, arriva l'ordre d'opérer une démonstration contre notre nouvel ennemi, en bombardant les forts de l'entrée des Dardanelles.

« Dans une aube resplendissante — même journal que précédemment — par une fraîche brise du Nord, nos quatre plus grands bâtiments, *Indefatigable* et *Indomitable* (anglais), *Suffren* et *Vérité* (français), s'avancent à 15 nœuds, petits pavois claquant en tête des mâts. A la distance de 12 000 mètres, et dans la brume du matin, les objectifs sont à peine visibles. Mais, grâce à notre excellent matériel de pointage, ainsi qu'au superbe entraînement de nos hommes, tout joyeux de rece-

(1)   *Armées à terre, flottes sur mer,*
Pas de meilleure alliance.
Nous ferons danser ces chiens d'Allemands,
L'Angleterre pour toujours ! Vive la France !

voir enfin le baptême du feu, le tir est excellent. Dès notre premier coup, l'ennemi a répondu : un peu court d'abord, mais bientôt si juste qu'au bout de quelques minutes ses projectiles tombent entre l'*Indefatigable* et l'*Indomitable*. Obéissant à ses instructions, qui sont de ne pas s'engager à fond, l'amiral Carden, successeur de l'amiral Milne, nous éloigne alors par une conversion « tout à la fois » et l'affaire prend fin. » D'après les passagers d'un navire américain sorti le lendemain, les dommages subis par les forts étaient considérables. Koum-Kaleh en particulier, point de mire du *Suffren*, avait eu une pièce de 240 détruite, ses casernes et magasins incendiés, et 55 tués, dont le colonel allemand commandant la défense.

II. — MORNE ATTENTE

Malgré l'heureux succès de cette affaire, la mauvaise saison étant arrivée, on attendit quatrelongs mois avant de lui donner suite. Les Turcs en profitèrent pour compléter leurs travaux de fortifications, installer des batteries mobiles beaucoup plus difficiles à atteindre que les fixes, confectionner des munitions en masse, creuser des tranchées et semer des mines. Pendant ce temps-là, l'escadre alliée

s'usait à maintenir un blocus des plus pénibles,
appareillant tous les soirs pour croiser devant les
détroits. Bourlinguer en plein hiver et sans arrêt,
dans des parages à coups de vent presque quoti-
diens, était déjà une cause de surmenage rapide,
aussi bien pour les navires que pour leurs équipages.
Mais, ce qui aggravait la chose, c'était la nécessité
de naviguer tous feux masqués, et par conséquent
de veiller sans une seconde de distraction, en se
gardant constamment contre les torpilleurs et les
sous-marins. Pour cela, en dehors de ceux qui
s'occupent de la route proprement dite, un système de surveillance est organisé dans chacun des
quatre secteurs déterminés par le croisement des
plans médians du bâtiment, transversal et longi-
tudinal. Un guetteur, armé d'une bonne jumelle, y
scrute attentivement son quart d'horizon, faisant
part à l'officier de défense de tout ce qu'il aperçoit :
fumée ou feu, mâture, sillage suspect, périscope,
épaves, bulles d'air venant crever à la surface (qui
jalonnent le parcours des submersibles), flotteurs,
bouées, etc. Toutes les pièces sont en position de
tir, un pointeur de faction, le reste de l'armement
à plat pont. Un des hommes de veille conçoit-il
quelque soupçon, l'officier de défense, aussitôt
prévenu, se rend compte de ce qui en est, et, s'il le

juge nécessaire, donne l'alarme, soit au moyen
d'un signal automatique et retentissant, la trompette Klaxon, soit au contraire par une discrète
sonnerie de téléphone, si l'on ne veut pas révéler
sa présence à l'ennemi. A la seconde, les canons
sont braqués sur le gisement indiqué, et en état de
tirer dès que les projecteurs auront éclairé le but.
On voit d'ici la mise en scène, hâtive et toujours
impressionnante, de ces alertes nocturnes, qui se
renouvelaient à chaque instant. Et leur fréquence
énervait et harassait les équipages, beaucoup plus
que n'importe quelle rencontre pour de bon.

Le jour, on jetait un pied d'ancre sous Tenedos,
tantôt dans le Nord, tantôt dans le Sud de cette
île au nom fameux, jadis *dives opum*, si l'on en croit
Virgile, mais aujourd'hui complètement dénuée
de ressources. Avec les feux à vingt minutes de
pression et les chaînes prêtes à filer par le bout, il
fallait, bien entendu, se tenir sur le qui-vive contre
tout ennemi survenant par voie du ciel, de la surface de la mer ou d'en dessous. Et même pas la
satisfaction de reposer ses yeux sur quelque chose
qui rompît un peu agréablement la monotonie des
paysages marins ! Pour tout spectacle, la masse
obsédante et dénudée du mont Elias, douze arbres,
pas un de plus, et quelques lamentables moulins

aux ailes veuves de leurs toiles. Oh ! la mélancolie
de ces petites îles de la mer Egée, dont les splen-
deurs passées contrastent si violemment avec les
marques de la plus irrémédiable déchéance...
« Notre seule distraction était d'aller charbonner à
Sigri, dans l'île de Mitylène, l'antique Lesbos. Pendant qu'un « cargo » nous passait le plus vite possible de quoi remplir nos soutes, à travers la poussière impalpable qui envahissait tout à bord, jetant
comme un voile noir entre nous et la terre, nous
contemplions avidement les maisonnettes d'un
village à flanc de coteau. A l'aide d'une longue-vue,
on voyait des enfants jouer devant les portes, et
c'était une sorte de consolation pour nous, qui ne
quittions jamais le bord, de constater que toute joie
de vivre n'était pas abolie en ce monde. Également,
quand une tartane entrait dans le port ou en sortait, glissant avec nonchalance sur une mer d'huile,
la paresse de ses mouvements, opposée à la fièvre
des nôtres, nous rappelait que le mauvais rêve de
la guerre aurait une fin... A plusieurs reprises, nos
vigies signalèrent la présence du *Gœben* et du
Breslau dans les détroits ; et, chaque fois, on espéra
qu'ils tenteraient de sortir. Mais, loin d'y songer,
ils venaient tout simplement dresser les Turcs au
maniement des engins nouveaux qu'ils accumu-

laient entre eux et nous. » (Enseigne de vaisseau
R. Coindreau.)

III. — BRANLE-BAS DE COMBAT

Vers la mi-février, l'amiral Carden fut invité à
prendre ses dispositions pour forcer le passage,
suivant un plan élaboré à Londres et comprenant
sept actions successives :

1º Réduction du front de mer ; 2º dragage des
mines de l'entrée ; 3º attaque des forts intérieurs
jusques et non compris ceux défendant le chenal
étroit, entre Chanak et Kilid-Bahr ; 4º démantèle-
ment de ces derniers ; 5º dragage des mines et destruction des ouvrages au delà du chenal étroit ;
6º traversée des Dardanelles par la flotte anglo-
française ; 7º opérations en mer de Marmara —
vaste programme que l'on fut malheureusement
obligé d'interrompre au numéro 4.

En vue de son exécution, les forces alliées avaient
été successivement portées à 18 vaisseaux de ligne,
dont 14 anglais : *Queen Elizabeth*, *Inflexible*, *Lord
Nelson*, *Agamemnon*, *Triumph*, *Swiftsure*, *Cornwallis*, *Irresistible*, *Canopus*, *Albion*, *Ocean*, *Vengeance*, *Majestic* et *Prince George*, armés pour la
plupart de 10 pièces de 305 et de 12 de 152, et

4 français : *Suffren*, *Bouvet*, *Gaulois* et *Charle-*
magne, ayant également du 305, grosse artillerie sur
laquelle on comptait pour écraser les forts. A part
la *Queen Elizabeth* et l'*Inflexible*, tous les autres
étaient de vieux cuirassés plus ou moins démodés,
les derniers à marcher, croyait-on avant la guerre,
mais que les circonstances allaient faire passer en
première ligne, alors que dreadnoughts et super-
dreadnoughts les plus modernes demeureraient en
réserve. A ce corps principal de bataille étaient
adjoints quelques croiseurs, des flottilles de torpilleurs, de sous-marins et de chalutiers équipés en
drague-mines, des transports dont deux pour
avions, sans compter les navires-ateliers ainsi que
les convoyeurs de petits bateaux, ceux que nous
appelons « mères-gigognes » et les Anglais « mother-
ships ». Voilà pour l'attaque. Les ouvrages du
front de mer auxquels on aurait affaire pour commencer comprenaient les quatre forts d'Erteroul
(cap Hellès) et de Seddul-Bahr, à l'extrémité de la
presqu'île de Gallipoli, de Koum-Kaleh et d'Orhanié, sur la côte d'Asie. Les cartes des pages 71
et 73 permettront de se rendre un compte exact
de leurs emplacements, ainsi que de l'artillerie
dont ils étaient pourvus.

Depuis que la flotte s'était ainsi accrue, elle

avait adopté le mouillage de Trébouki, un beau
port en eau profonde, dans le Nord de l'île de
Skyros, encore plus désolée que Tenedos. S'il est
vrai que le héros Thésée y fut assassiné, on peut
dire que jamais crime célèbre ne fut perpétré dans
un décor plus sinistre. C'est de là qu'appareilla, le
soir du 18 février, la division qui allait préluder au
forcement des Dardanelles. Elle se composait des
cuirassés : *Inflexible* (v.-a. Carden), *Vengeance*
(c.-a. de Robeck), *Triumph*, *Cornwallis*, *Suffren*
(c.-a. Guépratte), *Bouvet*, *Gaulois*, plus le croiseur
anglais *Dublin*. Le lendemain matin, on recon-
naissait de loin les deux rives entre lesquelles
s'ouvre le couloir interdit. L'une abrupte, terminée
par les falaises crayeuses du cap Hellès, avec la
masse informe d'Atchi-Baba en arrière-plan ; à
l'extrême droite, le village de Seddul-Bahr et son
imposant « Château d'Europe », qui marque l'entrée du détroit. En face, au contraire, une langue de
terre basse et marécageuse formée par les alluvions
du Mendéré, l'ancien Scamandre. Près de son embouchure, le fort de Koum-Kaleh, « Château
d'Asie » faisant pendant à l'autre. Des deux côtés
de la rivière, des tertres aux noms épiques, Achilleum, tombeau d'Ajax, tumulus de Patrocle, récemment hérissés de batteries, et qui vont re-

trouver une nouvelle illustration sous leurs noms
modernes d'In-Tépé, d'Orhanié et de Yénicher.
Aucune note un peu vive ne pare cette campagne
terne et broussailleuse, aux rares maisons abandonnées, où tout semble mort et éteint. Mais les
lueurs qui vont s'y allumer partout, aux gueules
de canons invisibles, témoigneront que derrière
cette torpeur apparente se cache une autre vie,
intense et factice, celle de la guerre

A peine la terre est-elle en vue qu'on rappelle
au branle-bas de combat, fête carillonnée par les
clairons sonnant la générale du haut en bas du
navire. Autrefois, c'était un gala en plein air, des
coups échangés à portée de voix, un provoquant
étalage de torses et de bras nus mettant en danse
des canons à leur taille, la galopade des petits
pourvoyeurs de gargousses, des mâtures où les
gabiers se livraient aux plus folles acrobaties,
partout la force et le courage librement exprimés...
A présent, c'est derrière un réduit cuirassé que
chacun va se tapir, pour combattre un ennemi
à peine reconnaissable tant il est loin, et à coups
de volants et d'engrenages que l'on fait mouvoir
des pièces tellement gigantesques que les tympans
ne peuvent pas en supporter le bruit, et qu'il faut
les protéger par des casques à oreillettes. Les

seuls qui se montrent encore, sont, dans la hune
d'un mât militaire, c'est-à-dire sans vergues ni
voiles, l'officier observateur et ses secrétaires —
car le tir est devenu une industrie dont il faut
tenir la comptabilité — et, sur la passerelle supérieure, l'officier télémétriste, avec ses aides à
sextants et à graphiques, qui servent d'arpen-
teurs à la mort.

Tout le reste a disparu. Commandant, officiers
de manœuvre et de tir, second maître timonier
chargé de la barre à vapeur, fourriers des porte-
voix et des transmetteurs d'ordres électriques,
dans ce qu'on appelle le blockhaus, sorte de
guérite blindée et percée de meurtrières. Le personnel de l'artillerie principale à son poste, dans
les tourelles et casemates. Ceux-là du moins
voient-ils encore quelque chose de ce qui se passe,
mais les autres, plus rien du tout. Ils vont s'en-
fermer sous le pont cuirassé, répandus à travers
les différents étages et compartiments où se
cachent les organes essentiels et profonds de cette
espèce de monstre que représente un cuirassé.

Là dedans se pressent et s'agitent du haut en
bas : 1º les équipes des petites pièces non protégées
du pont supérieur, lesquelles remonteront les
armer à la première menace de torpilleur ou de

sous-marin ; 2° les médecins et infirmiers, avec leurs terrifiants étalages ; 3° les hommes du service de sécurité, prêts à se porter partout où se déclarera une voie d'eau ou un incendie : familiers avec les innombrables tuyaux et robinets qui assurent la double circulation de l'eau et de la vapeur, ils savent au besoin les reconnaître dans l'obscurité, et accomplir à tâtons, sous l'eau ou dans la fumée, les besognes urgentes et dangereuses qu'exige le salut du navire ; 4° les transmetteurs d'ordres, équivalent maritime de nos « demoiselles du téléphone », dans un poste central encombré des innombrables fils, cadrans et manomètres au moyen desquels les indications du blockaus sont communiquées partout ; 5° enfin le personnel des soutes à munitions et de la machine, âme et espoir suprême du bateau ! Affairé parmi les cuivres et les aciers qui tournent et luisent dans l'ombre, tout ce qu'il perçoit du combat est la secousse d'arrachement que donne chaque coup de canon tiré du bord, ou le claquement produit sur la coque, semblable à celui d'une porte qui bat, lorsqu'un projectile ennemi éclate dans l'eau. Quant à l'état d'esprit de ces figurants du sixième dessous, on en jugera par l'extrait suivant d'une lettre écrite par un officier méca-

nicien : « Aux premières notes du rappel, je me
rends aux différents appareils placés sous ma
direction, pompes de compression, ventilateurs,
servo-moteurs, et enfin au compartiment des
dynamos. Les hommes sont à leur poste, s'assurent
que tout est en état de bon fonctionnement ; je
les interroge en passant sur ce qu'ils auraient à
faire dans tel ou tel cas, et leurs réponses sont
exactes et nettes. Décidés au sacrifice suprême,
ils sont pleins de confiance et sans la moindre
anxiété. Le choc des marteaux d'eau, déterminés
sur la carène par l'éclatement des obus tombés
près de nous, les agace un peu, et c'est avec une
satisfaction qui se lit dans leurs yeux et se traduit
par de joyeux lazzis qu'ils entendent nos canons
riposter. Quand nos pièces de 305 et de 164 se
mettent à tirer, très vite et simultanément, les
aiguilles des ampèremètres s'affolent, ont des
bonds de 400 à 1 500 ampères, les registres de
vapeur font une musique infernale. La main sur
la manette, les mécaniciens bandent ou déban-
dent les ressorts de leurs régulateurs, suivant les
indications de l'électricien, lequel demeure aussi
calme que s'il présidait à l'éclairage d'une salle de
bal. Matière et âmes semblent vibrer à l'unis-
son. »

Et cependant, aucun d'eux n'ignore qu'en cas
de danger grave leur devoir sera de rester jusqu'au
bout dans cette prison surchauffée, où, par suite
des explosions de vapeur qu'amènera le contact
de l'eau froide, ils ont toutes les chances d'être
brûlés vivants. Ah ! le calme et simple héroïsme
de nos « pieds noirs », comme on les appelle familièrement à bord ! Jamais on ne le mettra suffisamment en relief.

A ce propos, je me souviens encore d'une
lecture que nous faisait, dans le poste du *Richelieu*
où nous étions aspirants ensemble, le nouvel
amiralissime Dartige du Fournet. Le morceau
était de lui, car il est de ceux, nombreux parmi
nos camarades, qui savent aussi bien dire que
faire. Il y exaltait précisément le rôle de ces obscurs
et vaillants combattants, invisiblement exposés
à tous les feux, et souhaitait qu'au moment de la
bataille le grand chef trouvât le temps de descendre
parmi eux, pour leur montrer qu'il ne les oubliait
pas. Car, à l'époque que je rappelle ici, les vieux
amiraux, derniers survivants de la marine à
voiles, ne pardonnaient pas encore aux mécaniciens la place qu'ils étaient en train de prendre
dans la flotte.

IV. — ENGAGEMENTS D'APPROCHE (JOURNÉES DES 19 ET 25 FÉVRIER)

Donc, ce jour-là, 19 février, on devait réduire les quatre forts de l'entrée, en débutant par un tir indirect, exécuté du mouillage et à toute portée, les navires étant placés de façon à contrôler le tir les uns des autres, ainsi que le montre le croquis ci-contre.

Commencée vers 10 heures du matin, l'opération se continua jusqu'à trois heures après-midi, où les avaries constatées dans les ouvrages ennemis parurent suffisantes pour permettre aux cuirassés de se rapprocher et de les canonner sous vapeur. Dans ce combat préliminaire, le *Suffren* (commandant de Marguerye) s'était distingué en démantelant trois sur quatre des grosses pièces de Koum-Kaleh. Après quoi la *Vengeance*, se fiant au silence des batteries, effectua une pointe offensive, mais fut bientôt repérée par Erteroul, Seddul-Bahr et Orhanié. Ce que voyant, notre vaillant *Suffren* se porta galamment à son aide, en venant sur bâbord, de façon à battre le fort d'Erteroul, de beaucoup le plus mordant. Après un réglage aussi rapide que précis, il lui envoyait trois superbes salves qui, suivant le témoignage

des Anglais, « silenced » — la traduction serait
« silencèrent » — complètement les canons turcs.
Au rapport du lendemain, dans le salon de l'*Infle-xible*, l'amiral de Robeck faisait au commandant
du *Suffren* ses remerciements les plus vifs pour
cette heureuse intervention de son « splendid
ship », surnom qui lui resta parmi nos alliés.

L'opération devait s'achever le jour suivant,
mais le mauvais temps, qui eût gêné le tir, obligea
de la remettre au 25 février. C'étaient cette fois la
Queen Elizabeth, l'*Agamemnon*, l'*Irresistible*
(anglais) et le *Gaulois* (français) qui allaient
arroser les mêmes ouvrages que précédemment,
en occupant les mouillages indiqués sur le croquis
(page 73). Ouvert à 10 h. 15, le tir dura jusqu'à
midi et demi. La riposte de la terre fut encore
très vive, surtout celle d'Erteroul et d'Orhanié
où il y avait des 240 longs du dernier modèle.
Leurs coups encadraient si bien l'*Agamemnon*
que celui-ci, touché sérieusement, avec des blessés
et des morts, dut reculer un peu, appuyé par son
voisin le *Gaulois* (commandant Biard) auquel le
commandant en chef dut répéter le signal de
s'écarter lui aussi, avant qu'il se décidât à
obéir. Quatre autres cuirassés entrèrent alors en
danse, marchant par couples, comme au menuet :

Triumph
tire sur Erteroul

Chiffres romains : nombre de pièces
" *arabes : calibre des pièces*
T ▭ *Tube lance-torpilles*
P ▭ *Projecteurs électriques*

0   1   2   3   4   5 Km

6.500

Bouvet
apprécie le tir du Suffren

C. Teke
C. Helles

Canons de Campagne
II - 28
R. Erteroul

Seddul Bahr
VI - 28

12.000 m

Dardanelles

Inflexible
tire sur Seddul Bahr
et apprécie le tir du Triumph

Koum Kaleh
III - 28
II - 28
II - 24
III - Camp.

Bie B! Orhanié
III - 28
IX - Camp.
Yeoicher

9.700 m

9.500 m

Vengeance
tire sur Orhanié
et apprécie le tir de l'Inflexible

I. Mavro
I. Praso
Ark. Royal
(Avions)
Suffren
tire sur Koum Kaleh

Iles aux Lapins
I. Drepano   I. Phido   Gaulois

Yenikeui
Bie

Yerkasan

Premier bombardement des forts de l'entrée des Dardanelles,
le 19 février 1915.

Vengeance-Cornwallis, *Suffren-Charlemagne*. Leur rôle était de foncer alternativement sur les forts, afin de les achever par un tir de plein fouet et à courte distance. Or, la veille, quand l'amiral Carden avait exposé son dispositif de combat aux officiers généraux et commandants réunis, la seule observation de l'amiral Guépratte avait été pour réclamer l'honneur d'exécuter la première charge. Mais l'amiral de Robeck avait protesté, faisant observer que se trouvant plus ancien (*senior*) que l'amiral français, il avait le pas sur lui et ne le céderait à aucun prix dans le cas dont il s'agissait. L'observation étant sans réplique, la *Vengeance* et le *Cornwallis* fournirent donc le premier *run* qui fut très réussi. « Nous sommes en réserve derrière le cap Téké, attendant notre tour de prendre part dans le concert infernal auquel nous assistons. (Note de l'enseigne de vaisseau Coindreau.) Spardeck et boulevards sont pleins de curieux qui suivent les différentes phases de l'action engagée. Ils apprécient, critiquent ou plaisantent, avec autant d'insouciance que de gaieté, sans songer que, dans quelques instants, ce sera leur tour d'aller prendre part au drame qui se déroule. On s'intéresse surtout au duel entre la *Queen Elizabeth* et la batterie d'Erteroul.

Les obus de 380 du dreadnought soulèvent des
colonnes de poussière et de fumée, géantes, invraisemblables, malgré lesquelles, chaque seconde

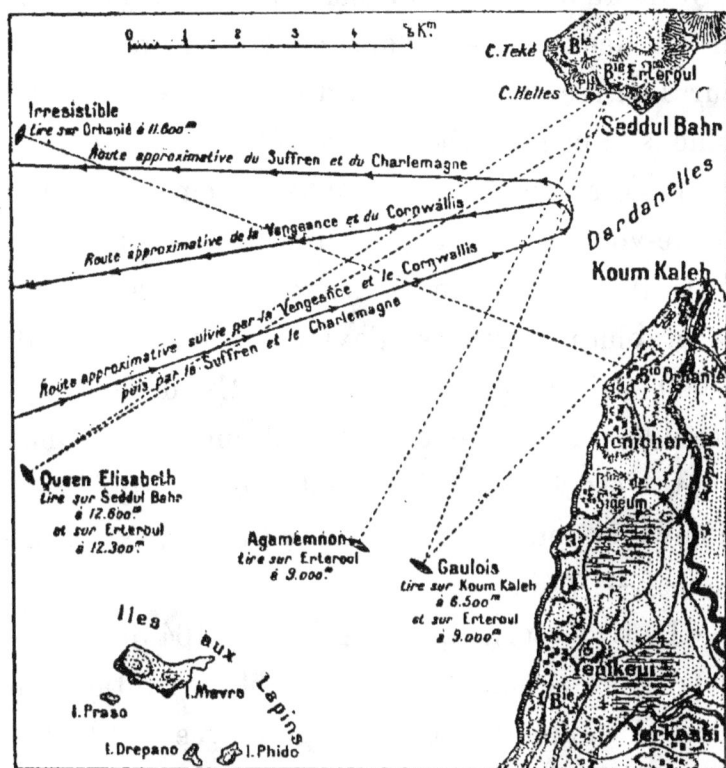

Opérations du 25 février.

minute, deux éclairs s'allument sur la crête blan-
châtre du cap Hellès, suivis de deux gerbes d'eau
plus ou moins près du cuirassé. Car le fort répond
toujours. Mais bientôt le hurlement des énormes
pièces se précipite, en même temps que les explo-

sions à terre se rapprochent de l'emplacement des pièces. Des étamines montent au maroquin de l'*Inflexible*, qui bat pavillon du v.-a. Carden : « Ordre au *Suffren* et au *Charlemagne* de charger ! » Il est deux heures. Nous nous élançons, le cap sur l'entrée des détroits, tandis que des tourbillons d'une fumée épaisse s'échappent de nos cheminées. Bientôt le blockhaus demande par le porte-voix : « Distance d'Orhanié ? » Deux angles de sextant, un coup de télémètre, un regard sur le graphique préparé d'avance : « 8 500 ! 8 300 ! 8 000 ! — Commencez le feu ! » Un déchirement terrible, une bouffée d'air chaud, un peu de fumée âcre, c'est la tourelle avant, de 305, qui vient d'envoyer son premier coup. « Les angles ? la distance ? — 7 400 ! »

« Le tir s'accélère, les 5 pièces de 164 de tribord entrent en action, ce qui redouble le tintamarre. Tout à coup une sonnerie prolongée : « Changement d'objectif ! » Au tonnerre des minutes précédentes succède un silence complet, peut-être encore plus impressionnant. « A qui le tour ? » gouaille un loustic, et presque aussitôt arrive la réponse : « Distance de Koum-Kaleh ? — 3 100 ! » et le tumulte ahurissant recommence. J'entends par instants les commandements qui se heurtent en

bas, dans les tourelles : « En avant la pompe !
Paré ! Feu ! » Le *Suffren* est parvenu à limite
extrême de son raid, à moins de 1 000 mètres de
la ligne des mines extérieures. Il vient en grand
sur la gauche, et crache maintenant sur Seddul-
Bahr, dont les murs s'écroulent comme châteaux
de cartes. Cependant, à Erteroul, à moins de
3 000 mètres, une pièce est encore debout, qui
semble braquée sur nous. On songe à la belle cible
que nous lui offririons, si elle pouvait tirer. Mais
rien, personne ne riposte plus. » — « A chaque changement de pointage — ajoute le capitaine de
frégate du Petit-Thouars — malgré la vitesse du
bâtiment et la faible distance du but, le feu de
toutes les pièces battantes fut transporté d'un
point sur un autre, comme avec la main et sans
le moindre déréglage, grâce à la maestria de notre
officier de tir. A la fin de notre course, la ruine
des quatre ouvrages était complète. De grands
incendies s'en élevaient, dont les flammes illumi-
naient la nuit tombante, et que traversaient de
temps à autre des explosions semblables aux
bouquets des feux d'artifice. » Le soir même deux
cuirassés débarquaient des détachements qui
pénétraient dans les forts abandonnés d'Erteroul
et de Seddul-Bahr et mettaient définitivement

leurs canons hors d'usage. La première porte des Dardanelles était enfoncée.

V. — MINES ET DRAGUEURS

Une mine, tout le monde le sait, consiste en un récipient de tôle, assez semblable à la cuve d'une lessiveuse américaine, et rempli d'explosifs. Elle est, ou plus lourde que l'eau et dans ce cas soutenue par un flotteur qui la fait dériver au gré des courants, ou plus légère, mais retenue au fond par un crapaud et un orin, câble d'acier dont la longueur est calculée de façon que l'engin conserve au moins $2^m,50$ d'immersion. Car, sous-marine aussi bien que souterraine, une mine a besoin d'un certain « bourrage » pour donner tout son effet. L'explosion est provoquée par l'inflammation d'une amorce, que détermine, soit la brusque rentrée d'une antenne extérieure, soit la chute d'un percuteur intérieur, l'un comme l'autre phénomène étant produit par le choc d'une carène de navire contre l'objet en question. Je ne parle ici que des systèmes les plus généralement employés, laissant de côté la vieille mine dormante, inflammable électriquement et à distance, celles basées sur le principe du ludion, et plusieurs autres encore. Les plus dangereuses de toutes sont les dérivantes, contre lesquelles un barrage est nécessaire — ou une crinoline, s'il s'agit d'un navire en marche. Les fixes, on peut les faire draguer par de petits navires, tirant assez peu d'eau pour passer au-dessus sans risque de les heurter, et remorquant une chaîne agencée de manière à faucher les orins. Une fois dégagées de leurs entraves, les mines remontent à la surface, et il ne reste plus qu'à les couler à coups de fusil ou de canon. Véritable travail de Pénélope, d'ailleurs, avec la déplorable facilité que possède l'ennemi de les renouveler constamment.

Les Dardanelles en étaient naturellement infestées, et impossible de s'y risquer avant de les avoir détruites. A telle fin, nous avions rassemblé à Moudros toute une flottille de chalutiers, caboteurs, petits yachts de plaisance et remorqueurs, aux silhouettes aussi hétéroclites que les noms : *Poupée*, *Charrue*, *Goliath*, *Henriette*, *Marseillais 18*, *Râteau*, *Provence*, *Rove*, etc., mais montée par 300 loups de mer à tous crins. Car nulle part la chasse aux marmites sous-marines ne fut plus mouvementée que dans les détroits de Gallipoli, où de nombreuses batteries de côte dirigeaient un feu d'enfer sur ceux qui la pratiquaient.

Précédant les navires de combat, et soutenus par

eux, nos vaillants petits dragueurs pénétrèrent donc dans la redoutable gueule dont nous venions de faire sauter les crocs de devant (les 19 et 25 février 1915). Des deux côtés, des pièces de campagne les foudroyaient à courte distance, jusqu'à ce qu'elles fussent repérées et canonnées par les cuirassés. Alors celles-là se taisaient, d'autres recommençaient, et ainsi de suite. Des avions allemands s'en mêlaient aussi. « Ils étaient la grande préoccupation de mon équipage — écrit le lieutenant de vaisseau Faurie, commandant du *Râteau*. Non pas qu'on en fût le moins du monde effrayé, mais parce que les bombes qu'ils laissaient tomber, et qui nous manquaient toujours, tuaient et faisaient surnager d'énormes poissons, aubaine éminemment propre à varier l'ordinaire. » Maître Bonfant, le maître d'équipage de ce même *Râteau*, était un vieux « mangeur d'écoutes » de l'ancienne école. En retraite à Antibes au moment de la guerre, l'âge ne l'empêcha pas de reprendre du service à la mer, et du plus actif. Seulement il avait ses petites manies. Ainsi, quand l'arrosage devenait particulièrement vif, il allait mettre sa casquette la plus neuve, allumait un cigare et se carrait sur une chaise en plein pont, déclarant qu'il ne céderait sa place à qui ni pour quoi que ce fût. Et lorsque le *Suffren* prenait

les batteries turques à partie, il se croyait obligé
d'encourager l'amiral Guépratte en criant : « Hardi,
mon fils ! Envoie dedans ! F...-les tous en l'air ! » Et
comme l'amiral eût ri de bon cœur s'il avait pu
l'entendre !

Les cuirassés avaient, deux par deux, leur tour
de garde dans le détroit, avançant au fur et à
mesure que les dragueurs balayaient le passage.
Ceux des officiers qui n'avaient pas eu la chance de
franchir précédemment les Dardanelles, pour aller
faire à Constantinople une de ces inoubliables visites
rêvées par tous les marins, assistaient avec une
curiosité palpitante au déroulement du panorama.
A gauche, des berges dont la terre d'ocre jaune disparaît sous une brousse vert olive, et que coupent
profondément les ravins de Kérévez-Déré, où tant
de sang devait couler un peu plus tard, et de Souan-
Déré. Le tout dominé par les pentes dénudées du
pic de l'Arbre, nid à obusiers dont les projectiles
font, dans l'eau, des trous noirâtres, après une
courte gerbe. A droite, la campagne d'Asie, avec
quelques fermes à toits rouges parmi des buissons.
Un peu plus loin, Aren-Keui, lieu de pèlerinage
pour les Turcs. Dans les champs et dans les rues,
au bord de la mer comme sur les places, plus rien,
plus personne. Mais le moindre obstacle au regard

cache une batterie. La côte se relève ensuite et
dessine les Falaises Blanches, avant la redoute de
Dardanus, qui est armée de pièces de marine au
sifflement rapide et impressionnant. Enfin, droit
devant, les Narrows (ou défilés) de Chanak, et tout
l'inconnu qu'ils représentaient pour ceux qui les
découvraient ! Avec une bonne longue-vue, dans
l'air embrumé du soir, on pouvait distinguer les
maçonneries des grands forts de Medjidieh, d'Ha-
midich et de Namazieh, faisant face aux maisons à
moucharabieh et aux minarets de Kilid-Bahr.
« Promenades d'autant plus passionnantes, trouve
l'aspirant P..., que, constamment encadrés, c'est
miracle que nous ne soyons pas atteints par les
obus qui pleuvent (450 ce jour-là) autour de nous. »
Quelques flotteurs en liège, supportant plus que
probablement des mines dérivantes, commencent
à se montrer dans la zone où opèrent les cuirassés.
Car, de Chanak, rien de plus facile que de les abandonner au courant, lequel descend toujours, avec
une vitesse d'environ 3 nœuds... C'était la catastrophe du *Bouvet* qui s'annonçait.

Le 7 mars, la *Provence* et le *Marseillais 18*, tra-
vaillant en baie de Morto, faisaient connaissance
avec une nouvelle sorte de machine infernale. « Une
mine flottante par bâbord devant ! signale l'homme

de vigie. Gouverné pour l'éviter. Elle passe le long
du bord, à 4 mètres de distance. Elle est cylindro-
conique, peinte en gris avec un couvercle rouge, et à
peine immergée ; capacité, environ 10 décimètres
cubes. Une salve de coups de fusil la transperce, et
elle coule. Mais la *Provence* n'a pas fait 50 mètres
que la mine saute, avec un bruit formidable, sou-
levant une gerbe d'une quarantaine de mètres (la
hauteur de l'Arc de Triomphe). Nous sommes
inondés et le bâtiment s'incline violemment sur
tribord. Les vitres du kiosque volent en éclats,
tous les objets fixés aux cloisons sont arrachés, un
tuyau d'arrosage crève dans la machine. Les conditions dans lesquelles s'est produite l'explosion
semblent indiquer que ce genre de mine a été
imaginé pour atteindre ceux qui cherchent à les
détruire, parce qu'au lieu de s'enfoncer, elles
éclatent lorsque l'eau de mer pénètre dans l'intérieur, où la fonte d'un bloc de sel doit permettre
le passage d'une masse tombant sur une amorce. »
(Journal de bord du lieutenant de vaisseau Litré,
commandant la *Provence*.) Comme on le voit, il n'y
avait pas de jour où les Boches n'apportassent
quelque nouveau perfectionnement à leurs engins
de prédilection.

VI. — PETITES FÊTES DE NUIT

Or, plus on allait de l'avant, et plus nos dragueurs se trouvaient exposés au tir des batteries qui hérissaient les deux rives du chenal. Tellement qu'il fallut bientôt renoncer aux opérations de jour et ne plus cheminer que la nuit. Du matin jusqu'au soir, les cuirassés gardaient la partie déjà dégagée, battant de loin tout ce qui se montrait ou se laissait deviner de suspect. Ils en ressortaient au coucher du soleil, et un peu plus tard, à l'heure des affûts nocturnes, les chalutiers armés en guerre se glissaient dans le corridor aux mortelles surprises. Alors commençait un sabbat dont nous demanderons la description à ceux qui le dansaient. Car il n'est pas d'artifice de style ou de composition, pas de puissance évocatrice ni de magie verbale, qui vaille le simple récit d'un témoin, tant la beauté de l'action surpasse tout le clinquant de la littérature. Parfaite en temps de paix, celle-ci, mais sa pâleur et son impuissance devant cette chose atroce et fulgurante qui s'appelle la guerre !... Telle une salle de spectacle, avec son éclairage factice, ses décors de toile peinte et ses acteurs maquillés, à côté de la nature toute nue. Et c'est si exact que, depuis la guerre, le public a abandonné ses auteurs de pré-

dilection, pour ne plus trouver de saveur ni d'intérêt
que dans les correspondances de ceux qui se battent
véritablement : soldats ou marins dont les lettres
racontent l'effroyable drame qu'ils vivent, avec
cette adorable naïveté qui seule fait les héros et les
vrais poètes. Pour que mots et images retrouvent
leur valeur, il faudra que se soit tue la grande voix
qui actuellement domine tout, celle du canon.
Alors, refleuriront les joliesses de l'esprit, et nos
Homères pourront chanter nos Achilles et leurs
colères. Mais pardon de la digression, et revenons
aux petits chercheurs de mines :

« Appareillé à 22 heures des îles aux Lapins
(nuit du 12 au 13 mars), avec 3 chalutiers et 2 torpilleurs d'escorte. Il fait nuit noire, et le froid augmente en se rapprochant des Dardanelles, d'où sort
un vent glacial. Nous y entrons à 23 heures. Impossible de rien distinguer. En écarquillant bien
les yeux, on finit cependant par reconnaître les
masses sombres de 4 ou 5 destroyers de grand'-
garde, entre Seddul-Bahr et la côte d'Asie. Longé
celle-ci le plus près possible, afin d'éviter le fort du
courant. Parvenus à la hauteur des Falaises
Blanches (1 h. 10), les dragues sont mises à la mer
et le cap sur Chanak, en ligne de file déboîtée à
gauche, de façon que nos appareils couvrent une

largeur d'environ 400 mètres. Vitesse immédiatement réduite à 3 nœuds par le courant et la résistance des dragues. 7 projecteurs électriques, disséminés sur les deux bords, nous cherchent sans parvenir à nous fixer. Ceux de Képhez et de Dardanus
éclairent jaune, sans doute parce qu'ils sont munis
de miroirs dorés. Képhez finit cependant par
accrocher la *Herse*, qu'il ne quittera plus. Une
fusée donne le signal aux batteries de gros et petit
calibre qui ouvrent immédiatement le feu sur notre
groupe. Nous avons même les honneurs du 280.
Sourds ronronnements des marmites, sifflements
aigus des obus de moindre calibre, éclatements secs
des shrapnels, tac-tac-tac-tac des mitrailleuses,
crépitement des balles, le concert bat son plein.
Puis, brusquement, un grand silence, suivi d'un
coup de canon à blanc, auquel tous les projecteurs
s'éteignent. Il est 3 h. 45. C'est pour nous dérouter.
Mais l'entr'acte n'est pas long, et dix minutes après,
nouveau coup à blanc, qu'accompagne une reprise
de l'allumage et de l'arrosage. A quatre heures, la
Pioche se trouve par le travers et à 400 mètres
seulement de la batterie de Souan-Déré qui
l'inonde littéralement de projectiles, et quand elle
vire de bord, une torpille automobile lancée de
terre — les Turcs avaient posé des tubes exprès

pour ça — l'élonge de bout en bout, à 2 mètres de distance. » (D'après le capitaine de frégate de Courtois, commandant la flottille, et le lieutenant de vaisseau Blanc, commandant la 1re escadrille des dragueurs.)

Comment les malheureux petits navires de pêche ou de cabotage qui circulaient sous un pareil déluge de fer et de feu, ne furent-ils pas tous anéantis ? C'est ce que se demandent encore ceux qui les conduisaient durant ces heures terribles. Énervement des pointeurs turco-boches du fait de la nuit, ainsi que difficulté beaucoup plus grande que de jour dans l'appréciation des distances, sans doute? Deux seulement des nôtres, *Chambon* et *Camargue*, furent touchés et eurent des blessés. Moins heureux, les Anglais, car ils avaient aussi leurs *sweepers* (balayeurs), en perdirent un qui sauta sur une mine, tandis qu'un obus de 152 éclatait à bord du croiseur d'escorte l'*Amethyst*, et y tuait 20 hommes. Ces fantastiques parties de pêche au flambeau, et sous la mitraille, offraient d'ailleurs de tels attraits, dont le moindre n'était certainement pas le danger, qu'il y venait des invités des autres bateaux, curieux de voir ça. Et quand ils en avaient plein les yeux, entre deux manœuvres de la drague, on profitait de l'éclairage *a giorno* des

projecteurs pour se livrer à une de ces parties de
loto chères à nos « cols bleus », à moins que quelque
chanteur en vogue sur les gaillards d'avant ne se
fît entendre dans son répertoire.

VII. — LE SOUS-MARIN ET LA MINE

Aux cuirassés, croiseurs, torpilleurs et chalutiers
en action dans les Dardanelles, s'étaient jointes
deux autres sortes d'intrus, les hydravions et les
sous-marins. Les premiers, pour fouiller les criques
et découvrir les mines oubliées, en exécutant des
vols bas au-dessus de l'eau. Quant au rôle des
seconds, moins nous en parlerons et mieux il vaudra, afin de ne révéler, à leur sujet, aucune parti-
cularité dont puisse profiter l'ennemi. Il est cependant une aventure, survenue à l'un d'eux, que
nous pouvons conter, une vraie histoire à faire
dresser les cheveux sur la tête. Cela se passait le
14 mars. A 3 heures du matin, le *Coulomb* appareillait de Mavro (îles aux Lapins) avec la double
mission de torpiller tout navire ennemi qui cher-
cherait à poser de nouvelles mines et d'aider au re-
pérage des batteries turques. Or, la seule façon de
remplir ce dernier objectif était, une fois parvenu
dans la zone dangereuse, de naviguer tout le temps

au périscope, pour bien attirer les coups, et de noter le gisement des batteries qui ouvriraient le feu. Toutes les chances de se faire envoyer par le fond, quoi !

Arrivé devant les détroits au point du jour, le

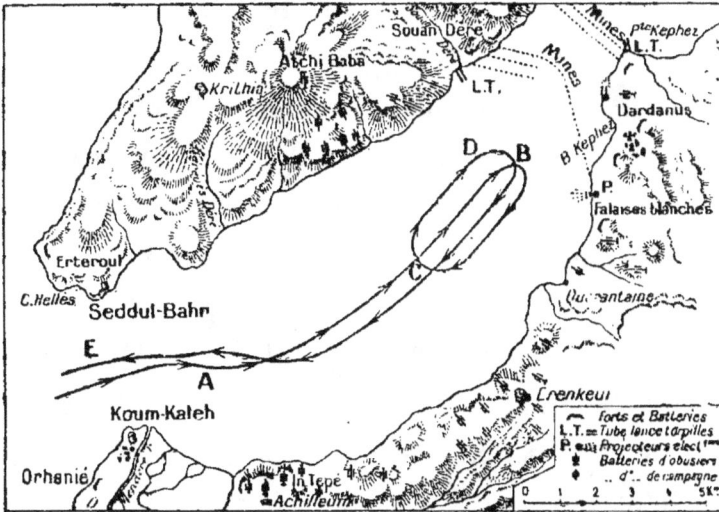

La marche du sous-marin le *Coulomb* dans les Détroits, le 14 mars.

(**A** cette date, les forts de l'entrée étaient détruits.)

Coulomb attend la sortie des dragueurs pour s'y engager à son tour. En passant à portée, les hommes échangent des brocards : « Bonne **pêche**, les ravageurs? — Soyez tranquilles, on vous en a laissé ! » Ils ne croyaient pas si bien dire. Jusque-là, le sous-marin a fait route en surface. Parvenu au point A (voir le croquis), la terre ayant commencé à le servir, il prend la plongée et suit le parcours indiqué par le graphique, son périscope faisant gerbe comme l'évent d'une baleine. Naturellement, des projectiles se mettent à pleuvoir de tous les côtés, avec accompagnement du tambour que les marteaux d'eau jouent sur la carapace d'acier. Mais l'équipage les entend à peine. Il est trop attentif à recevoir les ordres dont l'exécution représente sa seule chance de salut, trop affairé après les manivelles de commande et les leviers bizarres, trop étourdi par les relents de benzine et le ronflement des machines bien graissées. « A 7 h. 30, nous sommes parvenus au point B. Ne découvrant aucun bâtiment suspect sur le champ de mines, viré de bord et rentré le périscope. (Journal de bord du lieutenant de vaisseau Delègue, commandant le *Coulomb*.) Viré de nouveau en C, à 7 h. 50. Navigué, le périscope masqué, ne prenant vue que toutes les dix minutes et pendant quelques secondes à peine. A 8 h. 40, viré en D. Mais cette fois l'abattée s'arrête brusquement, tandis qu'à l'avant on ressent un choc brutal, puis des coups répétés sur le ballast, à croire que tout va se démolir. En même temps, la barre de plongée devient tellement dure à manœuvrer, que je dois renoncer à m'en servir. J'ai beau mettre en avant à toute vitesse, l'évolution ne se produit que péniblement. Le na-

vire est comme bridé et les chocs continuent. » Or,
ceux du *Coulomb* avaient compris tout de suite de
quoi il s'agissait : c'était la Mort en personne qui
cognait à la muraille, sous la forme d'une mine
dont l'orin venait de s'engager dans le gouvernail
avant. Rabattu le long de la coque, l'engin burinait
contre, et la seule question était de savoir quand il
exploserait, ce coup-ci ou le prochain? Car tout ce
qui tue est sujet à d'étranges caprices, faisant
même parfois grâce, sans qu'on puisse s'expliquer
comment ni pourquoi. Et dans l'attente du grand
coup de tam-tam de la fin, le *Coulomb* continuait
son galop fatal, enlacé à la danseuse titubante qui
s'était accrochée à lui. On voit d'ici le tableau, et
le parti qu'en eût tiré un Rudyard Kipling. Mais le
commandant Delègue ne daigne même pas s'apercevoir de ce que la situation offre de tragique. Il se
contente d'expliquer sa manœuvre. Pour se dé-
barrasser de ce qui surcharge son bâtiment et l'em-
pêche de gouverner, le seul plan serait de remonter
à la surface, d'ouvrir le capot et d'envoyer des
hommes à l'extérieur. Il essaye de le faire, mais,
au moment où il va émerger, un aéro s'envole de
Souan-Déré et fonce dessus. Plongé bien vite, toujours en compagnie de la mine qui frappe à coups
redoublés, tandis qu'éclate la furieuse pétarade

des bombes lancées par l'avion. Nouvelle tentative un peu plus loin, et, afin que la série soit complète, rencontre nez à nez avec un torpilleur turc, accouru pour achever l'ennemi pris au lasso. Replongé à tout risque, et fait route en profondeur jusqu'à la sortie du détroit, en ne donnant plus que les coups de périscope strictement indispensables pour se guider. Oui, plutôt sauter avec la mine qu'être pris par les Turcs ! Car tel était le dilemme, et le *Coulomb* n'eut pas une minute d'hésitation. Et ce qu'il y a de plus incroyable, c'est que la mine ne sauta pas... « Extrêmement alourdi, ne marchant plus que 3 nœuds sur le fond malgré que le courant fût pour nous, j'avais toutes mes barres à monter et n'arrivais à prendre vue qu'en mettant à toute vitesse. Je m'étais, bien entendu, débarrassé de tout ce que je pouvais comme lest liquide, et ai dû faire surface en E, à bloc de mes batteries d'accumulateurs. » Mais le *Coulomb* était sauvé. Dès qu'ils purent sortir de leur prison, les hommes virent une mine peinte en gris se dégager de l'avant et courir le long du bord. « On distinguait nettement la patte d'oie et le bout de l'orin de fixation. Elle était dans un état de conservation telle qu'elle ne devait être mouillée que récemment, et il est d'autant plus étonnant qu'elle n'ait pas explosé

dans ses chocs répétés contre la coque. Quand elle
me lâcha, un navire en surveillance à l'entrée du
détroit l'aperçut et la fit sauter à coups de canon. »
C'est ainsi que se termine le récit du commandant
du *Coulomb*, et je me ferais scrupule d'y ajouter
un seul mot.

Mais d'autres furent moins heureux, et l'horrible
sort auquel échappa le *Coulomb* devint celui du
Joule, commandé par le lieutenant de vaisseau
Aubert du Petit-Thouars, cousin du brillant
capitaine de frégate du même nom, celui dont j'ai
mis le précieux journal à si large contribution.
Officier d'élite à tous les points de vue, et dévoré
par le désir de faire comme il est de tradition parmi
les siens, le commandant du *Joule* s'était offert pour
attaquer les transports turcs dans les Narrows, en
même temps que les *submarines* anglais explo-
raient la mer de Marmara. Parti de Moudros le
1er mai de grand matin, on le vit plonger à l'entrée
du détroit, mais ce fut en vain que l'on guetta son
retour. Il ne reparut jamais... La nuit suivante, un
sans fil intercepté nous apprenait deux très mauvaises nouvelles : la première, que les Turcs avaient
coulé en Marmara le sous-marin australien *A-E 2*
et fait l'équipage prisonnier ; la seconde, qu'un
autre submersible, demeuré inconnu, avait dû

rencontrer une mine à hauteur de Chanak et sauter
avec, d'après l'aspect des débris projetés par l'explosion de celle-ci. La trouvaille que fit l'*Agamemnon*, de garde dans les Dardanelles, du réservoir à
air d'une torpille marquée comme appartenant
au sous-marin manquant, vint confirmer les renseignements de l'ennemi. Le *Joule* avait bien disparu, hélas ! emporté dans la plus tragique des
apothéoses...

Après l'arrière-grand-oncle, le légendaire commandant du *Tonnant*, qui, à Aboukir, avait eu les
deux jambes coupées par un boulet et s'était fait
planter dans un baril de son pour mourir sur son
banc de quart, après le grand-oncle auquel nous
devons Tahiti, après l'oncle, l'amiral qui a laissé un
souvenir impérissable dans le Pacifique — où j'eus
l'honneur de faire ma première campagne sous ses
ordres, à bord de la corvette cuirassée *la Victo-
rieuse*, comme il y avait exécuté la sienne, étant
l'aspirant de quart de mon père (1), sur la corvette à voiles *la Capricieuse* — le du Petit-Thouars
du *Joule* a trouvé moyen d'ajouter encore à l'éclat
d'un nom qui brillera impérissablement dans

(1) Le lieutenant de vaisseau Félix Vedel, mort des
suites d'un accident de mer, survenu dans la Méditerranée
où il commandait le *Titan*.

notre histoire maritime. Tressons nos plus belles couronnes à sa mémoire, ainsi qu'à celle des 29 irréprochables braves qu'il a conduits à la plus glorieuse des morts, pour la Patrie (1) !

VIII. — CUIRASSÉS CONTRE FORTS

Le 17 mars, on avait dragué tout l'avant-bassin des Dardanelles. La question qui se posait main-

(1) Équipage du sous-marin *Joule* : MM. Aubert du Petit-Thouars de Saint-Georges, lieutenant de vaisseau, commandant ; Fortoul, enseigne de vaisseau de 1re classe, officier en second ; Grossetête, premier maître électricien ; Hipeau, deuxième maître électricien ; Solier, deuxième maître, patron pilote ; Jeantet, deuxième maître torpilleur ; Madouas, deuxième maître mécanicien ; Horellou, quartier-maître électricien ; Korner, quartier-maître électricien ; Le Grouiec, quartier-maître électricien ; Cann, quartier-maître électricien ; Colome, quartier-maître électricien ; Arhuro, quartier-maître de manœuvre ; Garnier, quartier-maître de timonerie ; Septvants, matelot électricien T. S. F. ; Salaun, matelot électricien ; Boulic, quartier-maître torpilleur ; Cazanave, quartier-maître torpilleur ; Pegliou, quartier-maître torpilleur ; Petrissans, quartier-maître torpilleur ; Pigeault, quartier-maître mécanicien ; Van Peteghme, quartier-maître mécanicien ; Lamotte, quartier-maître mécanicien ; Allanic, quartier-maître mécanicien ; Seguineaud, quartier-maître mécanicien ; Blanc, quartier-maître mécanicien ; Flouret, quartier-maître mécanicien ; Borreil, quartier-maître mécanicien ; Hagnous, quartier-maître mécanicien ; Castandet, quartier-maître mécanicien ; Pingal, matelot cuisinier.

tenant était d'ouvrir un chenal dans le grand champ de mines que les avions signalaient entre les Falaises Blanches et Souan-Déré, et de le prolonger ensuite à travers la double ligne qui barrait l'accès de la baie de Sari-Siglar, dernier coude avant les Narrows. Mais les dragueurs, déjà presque aveuglés par les faisceaux de lumière électrique dardés sur eux, ne pouvaient plus avancer tant que ne seraient pas détruites les batteries qui pullulaient sur les deux rives, de plus en plus nombreuses et rapprochées à mesure que l'on gagnait vers le fond de la cuvette. Et impossible de canonner ces batteries sans s'exposer au feu des grands ouvrages de Chanak et de Kilid-Bahr, qu'il fallait commencer par réduire au silence, momentanément tout au moins. Il ne s'agissait donc de rien moins que d'une attaque directe et à fond contre les maîtresses défenses du passage, dont voici un aperçu (1) :

(1) Les chiffres romains indiquent le nombre des différentes sortes de pièces, et les chiffres arabes leur calibre ; les lettres italiques correspondent aux positions désignées par les mêmes lettres sur la carte de la page 99.

	Groupe de Souan-Déré	*a.* II 152.
		b. ? obusiers.
		c. VI 57 à tir rapide ; X mitrailleuses.
Côte d'Europe	**Groupe de Kilid-Bahr**	*d.* VIII 152 ; IV obusiers.
		e. ? pièces de campagne et mitrailleuses.
		f. III 152 ; ? pièces de campagne.
		g. VI mitrailleuses.
		h. II 280 ; IV 240 ; V pièces de campagne.
		i. VI pièces de campagne.
		j. (Hamidieh Toprak), II 356 ; III pièces de campagne.
		k. (Namazieh), I 280 ; I 260 ; XI 240 ; III 210 ; III 152 ; ? pièces de campagne.
		l. II 152 ; III obusiers.
		m. VI pièces de campagne.
		n. (Medjidieh Tabia), VI 210.
Côte d'Asie	**Groupe de Dardanus-Falaises Blanches**	*o.* VI obusiers de 105.
		p. IV 152.
		q. ? pièces de campagne.
		r. VII 152 à tir rapide.
	Groupe de Chanak	*s.* (Hamidieh Tabia), II 356 ; VIII 240 ; VI pièces de campagne.
		t. (Hamidieh Sultanieh), II 356 ; I 240 ; I 210 ; IV 152 ; IV 120 ; V 87.
		u. (Anadolou Medjidieh), III 280 ; IV 260 ; II 240 ; II 210 ; III 152 ; ? pièces de campagne.

Cela faisait un total de 102 pièces de gros calibre (152 et au-dessus) et d'une cinquantaine de canons de campagne plus ceux des batteries mobiles, soit peut-être 150 en tout de ces derniers. Sans doute la flotte alliée représentait un chiffre de bouches à feu beaucoup plus considérable, 280 grosses pièces (134 et au-dessus) et 226 petites (100 et 76). Mais la configuration du détroit ne permettait qu'à un groupe restreint de cuirassés de tirer à distance utile. Ceux que nous verrons engager l'action décisive ne porteront que 148 canons lourds et 128 légers, et encore ne pourront-ils en utiliser que la moitié à la fois, ce qui réduira leur nombre à 74 (contre 102) des premiers et à 114 (contre 150) des seconds. La partie était donc loin d'être égale. Le feu était, il est vrai, aussi malaisé à régler d'un côté que de l'autre, à cause de la mobilité perpétuelle inhérente au navire, que vents, courants et marées ne laissent jamais en repos, fût-il mouillé ou même affourché. Or, le moindre déplacement de sa part exige une modification de pointage immédiate et pratiquement irréalisable, aussi bien sur le bateau, si on considère celui-ci comme plate-forme de tir, qu'à terre, si on l'envisage comme but. Et, de fait, nous avons vu et verrons jusqu'à 500 coups tirés par un ouvrage sur un cuirassé, et

réciproquement, sans que l'un ou l'autre s'en
trouve beaucoup plus mal. Mais, dans l'espèce, cet
inconvénient devenait surtout préjudiciable à
l'assaillant, puisqu'il l'empêchait de réaliser son
objectif, qui était la destruction des forts. Pour y
parvenir, il aurait fallu, en effet, accabler ceux-ci
d'une telle quantité de projectiles tombant toujours au même bon endroit, que toutes leurs pièces
fussent brisées, et un pareil résultat ne pouvait
être obtenu que par des batteries absolument fixes,
dont le tir ne variât plus, une fois bien repéré
avec l'aide d'avions. Tandis qu'en dehors de quelques coups heureux, démontant par hasard un
canon, les alliés arrivaient seulement à rendre la
place intenable pendant la durée de leur bombardement par mer. Obligée de se mettre à l'abri, la
garnison en était quitte pour cesser le feu, prête à
le reprendre aussitôt l'ouragan passé. Eût-elle
même été tuée jusqu'au dernier homme, et son
stock de munitions épuisé ou anéanti, que le remplacement des deux demeurait facile, tant que le
fort ne serait pas investi par terre. Une autre supériorité de la défense consistait dans l'emploi des
mines sous-marines, plus redoutables que toute
espèce d'artillerie. On avait bien dragué les fixes,
mais sans être jamais sûr de ne pas en avoir oublié

quelqu'une, et il restait en tout cas la menace des
mines dérivantes, dont l'aléa était encore inconnu,
et qui allaient décider de tout. Telles étaient les
difficultés de l'entreprise. Après les avoir mûre-
ment envisagées, l'amiral Carden ne crut pas possible de les surmonter, et laissa le commandement
à son second, le contre-amiral de Robeck, auquel
l'amirauté anglaise donna ordre de marcher quand
même.

IX. — LA JOURNÉE DU 18 MARS

La carte ci-jointe expliquera, mieux que tous
les textes, le dispositif adopté pour une action où la
division française joua un rôle aussi important que
glorieux, malheureusement assombri par la perte
du *Bouvet*. A 11 h. 30 du matin, le 18 avril, les
quatre plus forts cuirassés de l'escadre combinée,
Queen Elizabeth (V 381 — XVI 152 — XII 76),
Agamemnon (IV 305 — X 234 — XV 76), *Lord
Nelson* (comme le précédent) et *Inflexible* (VIII
305 — XVI 152) viennent mouiller en travers du
détroit, à 13 000 mètres des Narrows, pour bombarder en tir lent les cinq principaux ouvrages de
Chanak et de Kilid-Bahr. Ils sont soutenus par le
Swiftsure (IV 254 — XIV 190 — XIV 76) et le

Dispositif de l'action du 18 mars.

(Les positions successives des navires français sont indiquées par les chiffres 1 et 2 ; la troisième position du *Bouvet* est celle qu'il atteignit, après avoir dépassé le *Suffren*, au point extrême de sa marche, avant de virer de bord pour aller couler au point +.)

Prince George (IV 305 — XII 152 — XVI 76),
chargés de les flanquer contre les batteries de campagne du voisinage. A peine le feu est-il ouvert
(11 h. 40) que les forts ripostent. Medjidieh,
Namazieh et Dardanus de toutes leurs pièces.
Hamidieh d'Asie paraît n'utiliser que trois des
siennes, Hamidieh d'Europe reste muet. Mais le
tir des Anglais est excellent, surtout celui de la
Queen Elizabeth, dont tous les coups vont au
but. A midi, une explosion se produit dans le fort
d'Hamidieh d'Asie et la ville de Chanak brûle.
A midi 15, jugeant les forts assez maltraités pour
pouvoir les affronter de plus près, une seconde formation de quatre cuirassés se porte à 4 000 mètres
en avant de la première, et en marge de son champ
de tir, pour attaquer les mêmes grands ouvrages,
tout en combattant les batteries secondaires à
proximité. Ce fut la division française, *Suffren*
(IV 305 — X 164 — VIII 100), *Bouvet* (II 305 —
II 274 — VIII 138 — VIII 100), *Gaulois* (IV 305 —
X 134 — VIII 100) et *Charlemagne* (comme le précédent) qui eut le grand honneur de fournir cette
avant-garde.

Au signal de la *Queen Elizabeth*, nos quatre
vieux excellents cuirassés, qui ne s'étaient jamais
attendus à pareille fête, se lancent à la charge,

Suffren et *Bouvet* le long de la côte d'Asie, *Gaulois* et *Charlemagne* suivant celle d'Europe. Ils devaient se remplacer l'un l'autre au poste le plus exposé, que l'amiral Guépratte avait naturellement choisi pour commencer. Il s'y comporta si galamment, du reste, que les Anglais lui décernèrent d'enthousiasme l'héroïque surnom de *Fire-eater* — Mangeur de Feu — le même dont Nelson se plaisait à gratifier les plus vaillants parmi ses compagnons d'armes.

Sur le duel qui s'engagea, tout de suite furieux, entre les batteries de terre et nos navires, de nombreux comptes rendus ont déjà donné suffisamment de détails pour que l'on connaisse assez bien ses phases principales. Mais en voici un petit récit qui offre l'intérêt de nous décrire l'action telle que la suivirent ceux d'en bas, y prenant part sans la voir : « Lorsque ce matin-là le clairon lança dans les divers entreponts les notes brèves de la sonnerie « aux postes de combat », les matelots qui, comme d'habitude, étaient restés sur le pont jusqu'au dernier moment, dégringolèrent les échelles en trombe. Une minute après, chacun avait rejoint son poste. « Faites l'appel ! Rendez l'appel ! » — « Complet dans la rue 2. » Et bientôt les projectiles ennemis, qui tombent dans l'eau à quelques

mètres du bord, commencent à marteler la coque
comme à coups de masse. Qu'attendons-nous pour
répondre? Le premier coup de canon partant du
bord est salué par un « Ah ! » de satisfaction...
Mais quelle est cette fumée qui nous envahit tout
d'un coup? « Stoppez les ventilateurs ! » On n'y
voit plus. Les lampes électriques semblent des fils
rouges, une affreuse odeur de poudre vous saisit
à la gorge, on tousse, on crache. Évidemment nous
avons été touchés, mais où? Quand la fumée s'est
un peu dissipée, je regarde mes hommes. Rien
d'anormal. Je demande des nouvelles de la rue 1 :
tout va bien. Un crissement se fait entendre au-
dessus de nos têtes : c'est un projectile qui vient
de déchirer la tôle de la cheminée. Au lieu de
monter, cette fois la fumée redescend, moins dense
cependant que tout à l'heure. Mais depuis quelques
instants, il me semble que le bâtiment donne de
la bande sur bâbord. Je ne me trompe pas, car elle
s'accentue rapidement. Que se passe-t-il donc? De
l'eau monte sournoisement entre le parquet de la
chaufferie et le bas de la porte à guillotine de la
soute à charbon. Plus de doute, la coque est percée
et la situation peut être critique Mes hommes ont
compris le danger, je vois pâlir quelques visages
imberbes, mais personne ne bronche. « Cent tours

en arrière ! la pression à 15 kilos ! » Il n'est plus
question de voie d'eau, ni de danger. Une seule
chose est intéressante, la pression. Il faut 15 kilos,
on les aura. Et le charbon s'engouffre dans les
gueules rouges des fourneaux. Chez ces braves gens,
d'instinct, le sentiment du devoir a primé tous les
autres... Le combat est fini. Rapidement chacun
remonte sur le pont, anxieux de savoir les nouvelles. Et, d'un seul coup, nous apprenons que le
Bouvet est coulé, le *Gaulois* en danger de sombrer
par l'avant, que l'incendie est à bord, que l'on a
noyé les soutes à munitions 4 et 6. Mais, au moins,
avons-nous fait du bon travail? Les forts sont-ils
démolis? Car c'est pour cela que les chauffeurs
ont chauffé avec autant de cœur que les canonniers
ont tiré, et ils sont aussi fiers du résultat que ceux
qui pointaient nos énormes 305. » (F. Corcé, sous-
officier mécanicien du *Suffren.*)

Écoutons maintenant ce témoignage, vibrant et
coloré, que l'amiral Guépratte rend de ceux qu'il
eut la joie de conduire à l'ennemi : « Notre raid
nous amenait à 3 800 mètres des batteries de Dardanus et de Souan-Déré, et à 2 000 à peine des
obusiers des Falaises Blanches, tous ouvrages bien
servis et des plus mordants, tandis que les batteries de campagne, dont le nombre s'accroissait

sans cesse, dissimulées dans les fourrés de la côte,
nous battaient presque à bout portant, ayant soin
d'atteler et de se déplacer fréquemment, sans que,
trop occupés par l'artillerie lourde des grands forts
des Narrows, nous eussions grand loisir de les
rechercher et de les détruire. D'autre part, notre
seule ressource pour battre avec succès les grands
forts était de demeurer stoppés, nous bornant à
dériver sous l'influence du courant. Il est aisé de
concevoir que, dans de telles conditions, nous ne
pouvions manquer d'être éprouvés par le feu
intense de l'ennemi. Eh bien ! j'ai ressenti une vive
et légitime satisfaction à constater qu'en dépit
de vicissitudes variées, aucun de nos bâtiments
ne songeait à reculer d'une semelle. Le *Gaulois*,
le *Bouvet* et le *Suffren* éprouvèrent de sérieuses avaries, malgré lesquelles ils restèrent aussi ardents
au feu. Et, à 1 h. 55, lorsque le signal fut fait à la
division française de se retirer pour laisser la place
à une relève anglaise, j'eus de la peine à me faire
obéir du vaillant *Bouvet*, lequel ne pouvait pas se
décider à quitter la ligne de feu. Il évolua enfin
pour venir se ranger dans nos eaux, et ce mouvement lui fut fatal. En moins d'une minute, le
valeureux bâtiment, éventré par une mine déri-
vante, chavirait et disparaissait à jamais... Au

cours des événements les plus dramatiques, il est parfois des mots qui arrachent le sourire, tellement ils décèlent de force d'âme chez leurs auteurs. Les premiers naufragés du *Bouvet*, amenés à bord du *Suffren*, me furent présentés. L'un d'eux semblait aussi surpris que joyeux d'exister encore, et comme je l'en complimentais, il se recueillit un instant, et eut cette réponse, renversante en pareille circonstance : « Ma foi, amiral, j'aurais cru qu'une mine c'était plus terrible que ça !... » Déjà très brillant au cours des engagements précédents, le *Gaulois* s'est fait le 18 mars une page hors de pair, une vraie page de Livre d'Or. Lorsque son commandant (le capitaine de vaisseau Biard) eut reconnu la gravité de sa situation (une voie d'eau ouverte par un projectile et que les pompes ne parvenaient pas à franchir), il déclina tout secours, s'interdit d'aller se jeter au plein sur le littoral ottoman, où il n'eût recueilli que honte et déshonneur pour lui, pour nous tous et pour notre Pavillon, et désespérant d'atteindre Tenedos, fit résolument route vers Drepano (îles aux Lapins). En cours de route, voyant l'avant s'enfoncer toujours, il évacua les gens inutiles avec autant de calme et d'ordre que s'il se fût agi d'un appel de permissionnaires en rade. Lorsque je me rendis à son bord, les écubiers étaient déjà noyés et pourtant le clairon sonna le « garde à vous ! » auquel chacun s'aligna sur les lisses avec une correction militaire qui, étant données les conjonctures, était positivement touchante. »

X. — GLOIRE AU « BOUVET » !

Mais écoutons les réchappés du *Bouvet*, ces hommes étonnants que la plus épouvantable des catastrophes n'a pas démontés, écoutons-les nous raconter les derniers moments de leur pauvre navire, et prononcer son oraison funèbre : nous y trouverons les plus belles leçons de dévouement au devoir et de sacrifice résolument accepté. « La chute du bâtiment sur tribord est si brusque, que tout le monde a la sensation immédiate de l'irrémédiable, et l'évacuation commence aussitôt, sous la direction des chefs de groupe. Le commandant en second (capitaine de frégate Autric, disparu) qui revenait de la tourelle I (dont les servants étaient tous asphyxiés, comme on le verra plus loin), rencontre l'officier de sécurité (capitaine de frégate Cosmao, disparu) ; il lui dit : « C'est une mine, je vais voir », et se précipite vers l'arrière de l'entrepont cuirassé. Le commandant Cosmao,

lui, reste au pied de l'échelle du compartiment
des mines, et encourage les hommes qui commencent à monter, simples matelots d'abord, puis
quartiers-maîtres et gradés, officiers en dernier.
(Lieutenant de vaisseau Thevenard, réchappé.) »
Plus pittoresque est le témoignage du maître torpilleur Coquin. « Nous étions dans le compartiment
des torpilles. J'ai dit aux hommes: « C'est une mine,
ça ne pardonne pas. F... le camp. » Le commandant Cosmao qui était au bas de l'échelle disait :
« Pas de panique ! pas de panique ! » et il y avait
plein de monde dans l'échelle, mais pas de cris ni
de bousculade. M. Cosmao qui montait derrière
moi m'a poussé pour m'aider (dans un semblable
moment !). Arrivé au pont de batterie, je suis
allé tomber dans la cloison tribord (le navire avait
pris tout de suite 40° d'inclinaison). J'ai monté
l'échelle qui tombe sur la tourelle avant. Les
hommes étaient sortis. Je suis ressorti par la tourelle 6, par un rétablissement. Les hommes n'ont
pas monté, parce qu'ils trouvaient l'échelle trop
dure et sont allés sur les jardins (sorte de balcons
autour des tourelles) bien que je leur aie dit :
« A l'avant ! à l'avant ! » Je suis donc resté seul avec
Bezu. J'ai été sur l'ancre. Au moment où je passais,
la tourelle glissait de son pivot et tombait à l'eau

(avec son canon de 164). J'ai attendu l'eau et me suis mis à nager. » Un débrouillard, celui-là, qui a réalisé le tour de force de « se sauver sur la patte de l'ancre », expression synonyme de « la parer belle », dans le vocabulaire marin.

En somme, presque tous les hommes des fonds sont parvenus à gagner la batterie supérieure, — à l'exception du personnel de la machine, dont pas un seul n'est revenu : saluons très bas ! Mais la bande est tellement forte (60° maintenant) qu'ils glissent et sont entraînés contre la muraille de tribord déjà couchée sous l'eau, sans pouvoir atteindre les ouvertures de bâbord, qui représentent le salut. En haut, sur les ponts et dans les tourelles, il est plus facile d'échapper. « J'étais dans le block-haus avec le commandant, au porte-voix des machines (quartier-maître fourrier Jourdan). Le commandant (capitaine de vaisseau Rageot de La Touche, disparu) donne l'ordre de stopper. Personne ne répond dans les porte-voix, et le Perrusie (transmetteur d'ordres électriques) a déjà ses lampes éteintes. Le commandant m'a dit : « Sauvez-vous. » Il est sorti derrière moi. J'ai attrapé deux drisses de pavillon qui pendaient le long du blockhaus, et qui m'ont permis de gagner l'échelle tribord. J'ai été engouffré avec l'eau, et j'ai reparu à côté d'une baille. J'ai coulé deux fois. » Voici maintenant comment Lapierre, canonnier breveté de la tourelle n° 4, parvint à se tirer d'affaire : « Quand le coup s'est produit, maître Le Fur (canonnier) dit qu'il faut évacuer, et M. Bécam (enseigne de vaisseau, réchappé) donne l'ordre. Rieux (quartier-maître canonnier) ouvre la porte de la tourelle. On voulait tous passer. Maître Le Fur dit : « Doucement ! doucement ! l'un après l'autre. » Nous sommes tous sortis l'un après l'autre. Le bateau était tellement incliné que je n'ai pas pu aller plus loin. Devant moi, il y avait un homme qui était sur la cuirasse (dehors et presque sauvé par conséquent) qui a tombé et qui a rentré par la porte dans la batterie (d'où il ne pouvait plus ressortir à cause de la bande). Alors j'ai attendu que le bateau coule. J'ai été emmené avec le bateau. Je suis ressorti avec le tourbillon. J'ai rencontré Wagui (quartier-maître de manœuvre, sénégalais) et Hermile (matelot fusilier) et je les ai suivis nageant jusqu'à la vedette du *Prince George*. » Aucune recherche de l'effet, dans ces dépositions de simples matelots, mais quelle ferme allure ! et comme on y sent le vrai courage, celui qui ne se connaît pas lui-même, avec cette sorte de stupeur que le danger passé laisse aux intrépides ! Car si le poltron a peur avant et le lâche pendant, le brave, lui, ne tremble qu'après.

Dans la tourelle de 305 avant, le drame final avait été précédé de l'asphyxie des servants, causée par une avarie dans le système d'écouvillonnage qui laissait refluer des gaz délétères de la poudre. L'accident était survenu dès le premier coup tiré. Aux trois suivants, tombent successivement Le Berre, servant de culasse (disparu) ; Mazeas, servant de chariot ; Menant, servant de projectile (disparu) ; Pichon, surveillant (disparu). Le premier maître Labous (canonnier) avec le deuxième maître canonnier Sibois (disparu) comme culassier et Pouliguen (canonnier, disparu) comme chargeur, se mettent à servir la pièce, et le tir continue jusqu'à ce que cette nouvelle équipe se trouve réduite à maître Labous, qui charge seul le 11e coup, mais n'a pas la force d'aller jusqu'au bout et s'assoupit sur la culasse ouverte. Bouchon, servant de téléphone, et le pointeur viennent la fermer. En même temps, le lieutenant de vaisseau Boutroux, commandant la tourelle (disparu), tombe inanimé de son capot dans les bras de Bouchon. A cet instant, l'ordre est donné de cesser le feu. Le Dr Duville, médecin-major du bâtiment, et un infirmier arrivent pour soigner les asphyxiés, et sont surpris avec eux tous par le chavirement, à l'exception du matelot Bouchon et de maître Labous, les deux uniques survivants de cette poignée de héros. « Je ne sais pas comment je suis sorti, dit celui-ci. C'est l'eau qui m'a remis. J'ai nagé, mais très vite fatigué, je me suis mis sur le dos, avec des avirons revenus du fond sous ma tête. » Sur 680 hommes et 29 officiers, 71 seulement furent sauvés. Gloire aux morts, et honneur aux réchappés du *Bouvet* !

XI. — LE BILAN

Quand la division française se retira du feu, trois sur quatre de ses bâtiments étaient hors de combat. Nous venons d'assister à l'agonie du *Bouvet* qui, avant de sombrer, avait encaissé une douzaine de coups bien placés. Déjà atteint dix fois en 14 minutes, le *Suffren*, au moment où il changea de poste avec le *Bouvet*, reçut un dernier projectile de 240, lequel traversa la tourelle de 164 milieu, éclata dans la casemate de la pièce de 100, juste en dessous, y tua tous les servants (12 hommes) et mit le feu dans les fonds, où une soute à munitions eût sauté sans la présence d'esprit du quartier-maître Lanuzel. Ayant aperçu un

commencement d'incendie dans sa soute, il la fit
évacuer, en sortit le dernier, et, après avoir pris
sur lui d'ouvrir le robinet qui devait la noyer, fut
s'assurer que l'eau arrivait bien avant d'aller faire
panser sa main, coupée par la vitre du volant de
noyage : un petit quartier-maître qui a tout
simplement sauvé son cuirassé ! « Le courage et le
dévouement de nos équipages, dans ces moments
difficiles, sont encore surpassés par la simplicité
de leurs gestes : oublieux d'eux-mêmes, parce qu'ils
s'ignorent, ils ne se révèlent qu'à la faveur d'un
événement imprévu. Tel ce quartier-maître Lanuzel qui, après avoir fait ce que l'on sait, vient
me rendre compte de sa manœuvre comme d'une
chose toute naturelle, d'un exercice de branle-bas
de combat terminé sans encombre. (Capitaine de
frégate du Petit-Thouars, commandant en second
du *Suffren*.) » Nous avons déjà parlé de la voie
d'eau qui faillit entraîner la perte du *Gaulois*. Le
valeureux navire avait reçu en outre un obus
de 210 qui traversa la plage arrière, au ras de la
tourelle de 305, pour éclater entre le premier et
le deuxième pont, où 7 hommes furent atteints,
en même temps que se déclarait un incendie assez
vite éteint. Seul, le *Charlemagne*, commandé par
le capitaine de vaisseau Lagrésille, quoique ayant

aussi brillamment combattu que les autres, sortait
à peu près indemne de l'affaire.

La division anglaise qui vient remplacer la
nôtre n'est pas moins éprouvée. Un obus envoie
un de ses torpilleurs par le fond, tandis que l'*Irresistible* et l'*Océan* sont coulés par des mines dérivantes, comme le *Bouvet*, et à peu près dans les
mêmes parages. Pendant que l'*Irresistible* s'enfonce, officiers et équipage se sont groupés sur le
gaillard d'arrière, complètement à découvert. Mais
loin de respecter un ennemi désarmé et que la mer
menace d'engloutir, les Turcs tirent plus que
jamais sur cette foule compacte, dont 34 hommes
sont tués en quelques secondes. Le même fait
s'était d'ailleurs produit lors de la perte du *Bouvet*,
où le feu des batteries ennemies fut concentré sur
les embarcations procédant au sauvetage des
survivants. Les Allemands avaient vite fait descendre les Turcs à leur niveau de barbarie ! Mais,
pour en revenir à l'*Irresistible*, une partie de ses
hommes fut recueillie par l'*Océan*, lequel, bientôt
après, sombrait à son tour. Nombre des rescapés de
cette double catastrophe prenaient alors passage
sur un destroyer, et l'acharnement du sort voulut
que celui-ci fût aussitôt frappé par un obus et
disparût également : journée peu banale pour

les malheureux qui essuyèrent ces trois naufrages dans le cours d'un même après-midi !

Sur la ligne centrale des gros cuirassés, la *Queen Elizabeth* était plusieurs fois touchée, et l'*Agamemnon* obligé de se retirer avec de très grosses avaries. Enfin, à 4 h. 55, l'*Inflexible*, un des vainqueurs des Falkland, heurtait aussi une mine et ne s'en tirait qu'au prix d'un sacrifice atrocement cruel. Une déchirure, énorme, s'était produite tout à fait à l'avant, où l'eau montait très vite. Pour l'empêcher de gagner la tranche voisine et de faire chavirer le navire, le commandant dut donner l'ordre de fermer instantanément toutes les issues. Or, dans la partie ainsi condamnée, se trouvaient 26 marins en train de remonter par l'échelle de sécurité : 26 hommes, dès lors murés vivants, qui durent entendre, avec quelle angoisse, on le devine ! le lourd claquement de la porte d'acier contre la muraille du même métal, suivi du sinistre roulement des écrous sur les boulons de fermeture. Crurent-ils à une erreur et se ruèrent-ils à la porte pour y taper désespérément en appelant au secours ? Ou comprirent-ils tout de suite que c'était le couvercle d'un cercueil qui venait de retomber sur eux ? Douloureuse énigme ! Mais, quelle qu'ait pu être leur agonie, le salut du bâtiment primait tout.

Il exigeait l'immolation de ces 26 victimes, et ceux qui eurent l'horrible devoir de l'accomplir n'hésitèrent pas... Lorsqu'il put enfin quitter sa passerelle, le commandant Phillimore alla se découvrir devant le panneau funèbre (il resta bouché jusqu'à ce que la voie d'eau fût étanchée) et dit simplement : « Paix aux âmes de ceux que j'ai dû sacrifier pour sauver mon navire. Ils ont bien mérité de l'Angleterre ! »

Quant aux forts qui avaient subi ce formidable assaut, aucun renseignement sur les pertes qu'ils essuyèrent. A 4 heures du soir, tous s'étaient à peu près tus, mais cela ne signifiait nullement qu'ils ne seraient pas prêts à recommencer le lendemain. De plus, il y avait les batteries de campagne qui restaient aussi mordantes que jamais, et impossible de venir à bout de quoi que ce fût, on le comprenait désormais, autrement qu'avec l'aide d'un corps de débarquement qui achèverait l'œuvre des cuirassés, en allant détruire les pièces réduites au silence. Il fut donc décidé de surseoir aux opérations, jusqu'au jour où on aurait réuni assez de troupes pour procéder à une action générale, par terre et par mer.

C'est ainsi que se termina le plus considérable des engagements auxquels ait concouru une force

navale depuis le début des hostilités. Le moment
n'est pas encore venu de se livrer à la critique des
opérations, et nous nous en abstiendrons dans le
même esprit qui nous a fait écarter systématiquement toute appréciation sur la conduite des événements rapportés au cours de ces notes. Leur seul
but est de donner, au grand public, une idée de la
très belle et très glorieuse part prise par notre
marine à une expédition où elle a joué un rôle hors
de toute proportion avec la petite division qui l'y
représentait. Cela, on ne le dira jamais assez haut,
grâce à l'autorité conquise par l'amiral Guépratte,
« un de ces vaillants cœurs à qui rien d'impossible »,
suivant la vieille devise française ; grâce à la maîtrise professionnelle, à la résolution et à l'audace
déployées par les commandants de ce peloton de
fer, les capitaines de vaisseau Biard (*Gaulois*),
Lagrésille (*Charlemagne*), de Marguerye (*Suffren*)
et Rageot de La Touche (*Bouvet*), ce dernier héroïquement disparu avec son bateau, englouti par la
mer qu'il voyait monter et refusant de quitter la
passerelle qu'il faisait évacuer par les autres ;
grâce aux officiers qui furent à la hauteur de
toutes les tâches comme de tous les dévouements,
nous les avons vus à l'œuvre ; grâce enfin et surtout
à nos admirables petits matelots, dignes émules de

leurs camarades, les immortels « Jean Le Gouin »
de Dixmude et de Nieuport.

XII. — HONNEURS SUPRÊMES

À terre, après la bataille, on enterre ses morts,
et quand les régiments qui ont combattu reviennent du front, tout éclopés mais couverts de gloire,
les camarades les acclament au passage. De même
sur mer, sauf que le cérémonial diffère. Le lendemain de cette journée du 18 mars, où notre marine
avait superbement donné sa mesure, le *Suffren*
s'en allait au large de Tenedos, fendant à petite
vitesse les lames courtes et rageuses que soulevait
une fraîche brise du Sud, dans le matin gris et
froid. Sur la plage arrière du cuirassé sont alignés
les douze pauvres petits gars que l'on a trouvés,
hachés et carbonisés, près de la pièce qu'ils ont cou-
rageusement servie jusqu'au bout. On les a cousus
dans des sacs de toile à voile, linceul classique du
matelot. Devant l'équipage silencieux et farouche,
l'aumônier dit la prière des morts, et le commandant un adieu ému. Puis, sous le Pavillon national
mis en berne, ce sont les honneurs du sifflet, comme
aux amiraux quand ils quittent le bord, et trois
salves de mousqueterie, tandis que, l'un après

l'autre, glissent à l'eau les douze informes paquets de toile grise. L'eau fait plash ! gicle, s'écarte et se referme en bouillonnant, laissant chaque place marquée pendant un instant d'un cerne luisant et calme, au milieu des petites vagues à crêtes blanches. Et quelques secondes après, il ne restait plus trace d'eux, ni à bord ni sur la morne étendue des flots, plus rien que leur souvenir — mais impérissable, celui-là — ainsi que la soif de les venger !

...Dix jours plus tard. Comme deux blessés qui vont se faire panser à l'arrière, le *Suffren* et le *Gaulois* regagnent péniblement Toulon. Ils viennent de s'engager dans le canal de Cervi, entre Cythère et la Grèce. 5 heures du matin. Les clairons sonnent le branle-bas et chacun se secoue, encore drapé dans sa couverture grise, car il va sans dire qu'on est toujours aux postes de veille. Une aurore radieuse se lève, sur le calme de la mer, rosissant la terre de teintes exquises, qu'aucun pinceau, aucune plume ne rendra jamais. Sur la passerelle, commandant et officiers de service fouillent de leurs jumelles la pénombre enveloppant le cap Maléa : torpilleurs ou sous-marins s'y cacheraient si bien ! Et, en effet, voici un destroyer qui se montre, suivi d'un second. La trompette

Klaxson va donner l'alarme... Mais non ! ce sont
des Français, la *Massue* et la *Hache*, qui se font
reconnaître. Puis, de la baie de Vétika, émergent
maintenant des formes grisâtres, bientôt identi-
fiées pour celles de nos *Patrie*, de nos *Danton*
à 5 cheminées, du *Courbet* et de la *France* avec
leurs tourelles superposées. Notre armée navale
tout entière a momentanément quitté son fasti-
dieux blocus, pour venir au-devant des cuirassés
qui ont eu la chance si enviée d'aller au feu ! Rangée
sur deux lignes de file, elle les encadre et les croise
à 14 nœuds, petits pavois en l'air, équipages à la
bande, passerelles, plages et boulevards bondés
de matelots qui hurlent de joie, agitant fréné-
tiquement leurs bonnets à pompons rouges.
Hourras, sifflets de manœuvre, sonneries de clairons, cuivres des musiques égrenant leurs marches
les plus entraînantes : *Sambre-et-Meuse*, *Tippe-
rary, les Cols bleus*, — c'est le salut enthousiaste de
ceux dont le tour n'est pas encore arrivé, à ceux
qui déjà ont eu leur jour de gloire.

XIII. — SUR RADE DE MOUDROS

Depuis l'affaire du 18 mars, où 4 cuirassés furent
éventrés par des mines flottantes — *Bouvet*

(français) coulé, *Irrésistible* et *Océan* (anglais) coulés, *Inflexible* (anglais) très gravement avarié — l'escadre combinée a renoncé au forcement des Dardanelles par ses seuls moyens. Le nouveau plan consiste à attendre la formation d'une armée de débarquement qui coopérera avec la flotte. Jusque-là, ne se hasarderont plus guère dans les passes que des sous-marins ou des patrouilles de torpilleurs. Les navires de combat se borneront à arroser journellement les quatre ouvrages détruits à l'entrée, de manière qu'il soit impossible de les réarmer. En ce qui concerne la division française, la perte du *Bouvet*, ainsi que le départ du *Suffren* et du *Gaulois* pour se faire réparer, la laissait réduite au seul cuirassé le *Charlemagne*, qu'accompagnaient les destroyers *Poignard*, *Fanfare*, *Sape*, *Sabretache*, *Cognée*, *Coutelas*, et les submersibles *Faraday* et *Le Verrier*. Voici la liste, avec leurs dates d'arrivée, des bâtiments successivement envoyés pour la renforcer :

25 mars. *Askold*, croiseur russe revenant d'Extrême-Orient (XIII 152 — X 75).

27 mars. *Henri IV*, garde-côtes cuirassé (II 274 — VII 138).

28 mars. *Jauréguiberry*, cuirassé d'escadre sur lequel l'amiral Guépratte transporte son pavillon

(II 305 — II 274 — VIII 138 — IV 65).

14 avril. Torpilleurs n°s 310, 311, 353, 357, 359, destroyer *Trident*.

17 avril. *Bernouilli*, *Joule* (1), sous-marins.

24 avril. *Jeanne d'Arc*, croiseur cuirassé (II 194 — XIV 138).

25 avril. *Latouche-Tréville*, croiseur cuirassé (II 194 — VI 138 — IV 65).

10 mai. *Saint Louis*, cuirassé d'escadre (IV 305 — X 138 — VIII 100).

17 mai. *Suffren*, cuirassé d'escadre (réparé) (IV 305 — X 164 — VIII 100).

Du côté de nos alliés, les cuirassés *Queen* (IV 305 — XIII 152 — XVI 76) — ne pas confondre avec la *Queen Elizabeth*, déjà sur les lieux — *Implacable* (comme le précédent) et *Goliath* (IV 305 — XII 152 — X 76) venaient remplacer les disparus. En même temps, commençaient à affluer les transports chargés de troupes, qu'escortaient les croiseurs *Bacchante*, *Talbot*, *Minerva* et *Dublin*. L'île de Lemnos, avec son magnifique port de Moudros, était la base choisie par les Anglais. Nous devions installer la nôtre à Mytilène, son pendant de l'autre côté du détroit. Mais les fluctuations de la poli-

(1) Dont nous avons raconté la fin héroïque en anticipant un peu sur les événements.

tique grecque ayant fait abandonner ce projet,
notre corps d'occupation avait été se constituer
à Alexandrie d'Egypte, avec une avant-garde à
Trebouki, dans l'île de Skyros. Un peu plus tard,
afin d'éviter l'éparpillement, celle-ci fut transportée
à Moudros, devenu le centre de concentration
générale que le gros de nos forces devait rallier
au dernier moment.

Encore plus spacieuse que celle de Toulon, la
baie de Moudros est précédée d'un vaste mouillage
extérieur qui en double la surface, et admirablement protégée contre les mauvais temps si fré-
quents dans le fond de la mer Egée. « Nous sommes
au milieu d'une immense forêt de mâts et de cheminées haletantes, où règne l'activité la plus
intense, — écrit l'enseigne de vaisseau R. Coindreau. Parmi les cuirassés et croiseurs, les transports, navires-hôpitaux ou navires-ateliers, les
cargos et *supply-ships*, souvent accostés les uns aux
autres par groupes de 3 et 4 afin de tenir moins de
place, parmi les innombrables destroyers, torpilleurs,
chalutiers, dragueurs et autres, circulent jour et nuit
mille embarcations de toute espèce et de toutes formes, remorqueurs et citernes de nos ports de guerre,
canots à vapeur, à pétrole, à rames ou à voiles, et jusqu'aux pinasses de course de Monaco et d'Arcachon.»

Il va sans dire que la rade de Moudros avait été fermée par une double estacade infranchissable aux sous-marins, défense que complétait l'installation de projecteurs et de batteries pour tenir les rôdeurs à distance. « A terre, ce qui attire tout de suite l'attention, c'est la cathédrale orthodoxe, toute neuve et d'architecture assez commune ; elle domine les maisons de Moudros, bourg misérable et sans aucun cachet, sauf peut-être la fontaine publique où, le soir, quelques femmes grecques viennent puiser de l'eau, surveillées par un agent anglais de la M. P. (Moudros Police) et sous l'œil goguenard de territoriaux français dépenaillés. Partout alentour, des tentes et des baraques en planches, premier embryon d'un camp destiné à contenir pas loin de 50 000 hommes. Mais, malgré toute cette animation, le séjour de l'île chère à Philoctète est loin d'être enchanteur. Dans la campagne, pas un coin de verdure, à l'exception de quelques figuiers tourmentés que l'on a peine à reconnaître pour des arbres. Çà et là, un moulin jaillit, lamentable, d'un sol rocailleux et désertique, couleur de rouille. Des cabanes de pierre abritent des bergers qui n'ont rien de bucolique. Dès qu'il fait un peu de vent, des tourbillons de poussière se mettent à rouler partout, et principalement

sur les routes ouvertes à travers l'île par les pion-
niers du corps d'occupation. » — Même source que
précédemment.

Tous les jours arrivaient de nouveaux transports,
et l'île généralement abandonnée de Lemnos voyait
dans ses eaux jusqu'à 150 navires à la fois, représentant peut-être un million de tonnes, parmi lesquels figuraient les plus grands, les plus récents
paquebots français et anglais. Car on ne s'imagine
pas ce qu'entraîne la nécessité d'entretenir toute
une armée à pareille distance : 2 000 kilomètres
de Marseille — pour ne pas parler de l'Angleterre !
Effort qui eût peut-être changé bien des choses,
s'il eût été donné plus tôt, ou avec des moyens
encore plus énergiques.

XIV. — DERNIERS PRÉPARATIFS DE DÉBARQUE-MENT

Galvanisés par les Allemands, les Turcs n'avaient
pas perdu une minute pour se prémunir contre
une attaque dont ils sentaient toute la gravité. Car,
menacer Constantinople, c'était viser l'empire
ottoman au cœur. Accumulation de troupes sur
les deux rives du détroit ; tranchées creusées tout
le long d'une côte ardue, que l'assaillant aurait à

gravir sous un feu terrible, et hérissée en outre de
réseaux en fils de fer barbelés descendant jusque
sous l'eau, de manière que l'on ne puisse prendre
pied nulle part ; épis de mitrailleuses en face de
tous les points où l'accostage offrait quelque facili-
lité ; obusiers montés sur les principales crêtes
dominant le rivage ; batteries attelées et prêtes à
se porter partout où besoin serait ; projecteurs
électriques destinés à prévenir toute surprise de
nuit ; enfin, la valeur bien éprouvée des Turcs,
surtout dans une guerre de siège — telles étaient
les ressources sur lesquelles la défense comptait
pour nous rejeter immanquablement à la mer.
Son seul embarras était de ne pas être fixée sur
l'endroit où se produirait le débarquement principal. Le littoral européen laissait en effet le choix
entre le golfe de Saros, si on voulait prendre les
ouvrages des Dardanelles à revers, la baie de Suvla,
qui ouvrait le plus court chemin vers Chanak, et
le Sud de la presqu'île de Gallipoli, pour coopérer
avec la flotte au forcement des passes. Mais il était
loisible d'obtenir les mêmes effets en partant du
front de mer asiatique, soit de Koum-Kaleh même,
soit de n'importe où dans le Sud, ce qui obligeait
les Turco-Boches à étendre leur surveillance sur
une étendue de 100 kilomètres et plus, de Kara-

chali à la baie de Bésika. Tout bien considéré,
l'opération que les Anglais et nous allions tenter
ne s'offrait pas moins comme une des plus hasar-
dées qui aient été résolues depuis le fameux siège
de Troie, y compris l'expédition de Sicile par les
Athéniens, la tentative d'invasion de l'Angleterre
par Philippe II, et le débarquement franco-anglais
en Crimée, de dates et de fortunes si diverses !

Dès le 17 avril, les premiers bataillons français
arrivent d'Alexandrie sur 6 grands transports.
Dans la nuit du 22 au 23, 8 nouveaux paquebots
en amènent d'autres, escortés par le croiseur cuirassé la *Jeanne d'Arc*, dont le commandant, le
capitaine de vaisseau Grasset, sollicite et obtient
la faveur de rester pour prendre part à l'action.
« Venant de faire huit mois de croisière dans la
Manche occidentale, où il a passé d'interminables
journées et nuits de veille sans jamais voir l'ennemi, notre équipage ne se sent pas d'allégresse.
(Journal communiqué par le commandant.) A
6 heures du soir, le 23, l'amiral Guépratte vient
nous rendre visite. Après s'être entretenu avec les
officiers, il s'avance vers le pont milieu. En un clin
d'œil, nos 700 hommes l'ont enveloppé, serrés les
uns contre les autres, suspendus par grappes au
pont léger, aux cheminées, juchés dans les embar-

cations sur portemanteaux. L'amiral parle bref, dit combien il sera content de mener la *Jeanne d'Arc* au combat. Un courant d'enthousiasme s'établit instantanément entre les matelots et le chef qu'ils voient pour la première fois. Lorsqu'il achève par ces mots : « Il va y avoir de la joie pour vous tous. Et quand cela ? après-demain ! » Une exclamation formidable retentit. Les cris de « Vive l'amiral ! » durent plus d'une minute. Puis il repart avec son torpilleur-vedette, et un gabier breton, qui s'est informé de son nom et l'a retenu à sa façon, conclut : « Un rude homme, aussi donc, que cet amiral *Kerbrat !* »

XV. — PARTS DE GLOIRE

Le grand jour était pour le 25 avril. Les 36 000 hommes que les Anglais avaient rassemblés à Moudros allaient être débarqués sur six points différents de la presqu'île de Gallipoli et autour de son extrémité méridionale, tandis que deux fausses attaques, dont l'une dirigée contre la petite ville d'Enos, à la frontière bulgare, obligeraient les Turcs à rester éparpillés. Nos forces à nous, 15 000 fusils et 92 canons, devaient former l'aile droite de l'armée combinée. Mais l'amiral Gué-

pratte fit observer que si les batteries de la côte
d'Asie n'étaient pas réduites au silence, leur tir
pourrait compromettre la situation des transports
et des troupes en train d'opérer de l'autre bord des
Dardanelles. A la suite de quoi une diversion
énergique fut résolue, et son exécution confiée
à l'amiral français. Objectif : occuper Koum-
Kaleh de vive force et s'y maintenir pendant le
nombre d'heures nécessaire à la prise de possession
par les alliés, sur la rive opposée, d'un territoire
suffisant pour s'y organiser défensivement, en
même temps qu'effectuer une menace de flanc sur
la baie de Bésika.

Conformément à ce plan, les Anglais quittèrent
Moudros dans l'après-midi du 24. Ce fut un interminable défilé d'environ 50 bâtiments de guerre,
grands et petits, suivis par une centaine de paquebots, partant avec un entrain indescriptible, au
son des musiques militaires et des hourras mille
fois répétés qui faisaient retentir les échos de l'île
désormais vide, ou presque. Avant de prendre
le large, notre petite escadre se livrait à un dernier
exercice de débarquement, lequel avait, sur tous
ceux pratiqués par nos marins au golfe Jouan,
l'avantage d'être la répétition générale de la pièce
qui passait le lendemain, comme on dit au théâtre.

Tout a été publié, ou à peu près, sur la splendide façon dont nos alliés remplirent leur programme. Nous n'y reviendrons donc pas, et nous contenterons de raconter avec quel brio notre division navale s'acquitta de l'aventureuse mission qui lui avait été confiée. Car les forces prévues pour l'attaque de Koum-Kaleh étaient si minimes — 6ᵉ régiment colonial mixte, une batterie de 75, un détachement de sapeurs et une ambulance : total 2 800 hommes formant brigade sous le commandement du colonel Ruef — que leur succès dépendait essentiellement de la préparation d'artillerie par la flotte, du point de descente choisi, et de la rapidité du mouvement. Or, cette fois encore, la marine se montra pleinement à hauteur de sa tâche, en trouvant moyen de jeter cette poignée d'hommes à terre avec assez d'adresse pour qu'elle puisse y rester accrochée.

Examinons d'abord la position qu'il s'agissait d'enlever et que le *Poignard* avait reconnue minutieusement dès le 20 avril. Koum-Kaleh est un village de pêcheurs, à l'extrémité d'une langue de terre comprise entre la mer et l'embouchure du Mendéré, le « divin » Scamandre d'Homère. Plat et sablonneux à la pointe, le terrain se relève dans le Sud. Son premier ressaut est occupé par un

9

cimetière dont il sera souvent question dans les
lignes qui vont suivre. Après quoi, il monte en
pente douce jusqu'au mamelon d'Orhanié que
domine, un peu plus loin, le tertre important sur
lequel est bâti le gros bourg de Yenicher, avec ses
9 moulins à vent. Ces deux dernières hauteurs sont
garnies de fortifications que les escadres alliées
ont détruites un mois auparavant, mais où l'on
a, depuis, établi des batteries de campagne. En
avant de Koum-Kaleh, se dresse un vieux fort
carré et bastionné, aux murailles épaulées de terre,
le Château d'Asie, ouvrage en grande partie effon-
dré par nos obus, derrière lequel pouvait cependant
se dissimuler une défense mobile des plus sérieuses.
Un appontement, dans un état de délabrement
complet, prend racine un peu à l'Est du fort et
dessert le village, qu'un pont jeté sur le Mendéré
fait communiquer avec l'arrière-pays. Deux moulins marquent l'embouchure de la rivière. Sur
l'autre rive de celle-ci, à 3 500 mètres de Koum-
Kaleh, s'élèvent les collines d'In-Tépé et de l'A-
chilleum, dont les replis fourmillent de pièces
presque impossibles à repérer et prêtes à croiser
leurs feux avec ceux d'Orhanié et de Yenicher.

Après avoir fait le tour de la pointe, les officiers
de terre et de mer en exploration sur le *Poignard*

avaient été d'avis que la seule place où nos
soldats trouveraient un peu d'abri pour débarquer
était un tout petit terre-plein carré, d'environ
15 mètres de côté, situé au pied même du mur de
l'antique forteresse. Celle-ci le commandait d'une
hauteur de 12 mètres, mais une brèche y était largement ouverte, permettant l'escalade.

XVI. — VERS KOUM-KALEH

Le temps, remis au beau depuis le 23, semblait
vouloir nous favoriser. Après le long exode des
Anglais, accompli dans la journée du 24, la division Guépratte appareillait à son tour, vers les
10 heures du soir. Elle comprenait le *Jauréguiberry* (pavillon amiral), l'*Askold*, le *Henri IV*,
la *Jeanne d'Arc*, avec les torpilleurs et contre-tor-
pilleurs dont nous avons déjà donné la liste.
Derrière, venaient trois croiseurs auxiliaires, *Savoie*,
Provence, *Lorraine*, et les transports du détachement Ruef, *Vinh-Long*, *Carthage*, *Théodore Mante*,
Ceylan, *Duguay-Trouin* (hôpital), ainsi qu'une
douzaine de chalutiers et remorqueurs. Il faisait
un clair de lune superbe, une température exquise,
et la mer restait d'un calme absolu : une de ces
idéales nuits d'Orient, pendant lesquelles l'âme

éprouve le besoin de s'évader, d'échapper par le rêve aux mornes réalités de l'existence.

La route avait été mise pour passer au Sud de Tenedos et prendre le canal de Cadaro, de manière à se trouver devant Koum-Kaleh avec le jour. Dans le lointain, les projecteurs des Dardanelles agitaient fiévreusement leurs grandes antennes lumineuses. On sentait que les Turcs, avertis par le mouvement inusité de navires qu'ils avaient pu constater, se tenaient sur leurs gardes. A bord, chacun prenait ses dernières dispositions en vue du lendemain, se demandant ce qui l'attendait. Car l'affaire promettait d'être chaude, et tout le monde n'a pas le sommeil de Turenne, à la veille d'une bataille.

Vers 4 heures du matin, en arrivant à hauteur de Yenicher, les cuirassés stoppent et amènent leurs embarcations, que les canots à vapeur vont conduire jusqu'aux transports afin d'y prendre les troupes. Ils mouillent ensuite à environ 3 000 mètres de terre, dessinant un vaste demi-cercle autour de Koum-Kaleh. A 4 h. 45, comme l'aube commence à poindre, un grondement lointain se fait entendre, annonçant le premier coup de canon des Anglais contre Gaba-Tépé. Un quart d'heure plus tard, nous ouvrons le feu sur la côte

d'Asie. « Un bruit affreusement sec : c'est l'*Askold*
qui débute par une salve de 8 pièces. Le grand
tintamarre commence. Le soleil n'est pas encore
levé que déjà des globes de feu sortent des tourelles
des cuirassés qu'entoure une fumée rousse. Sur
son plateau qui domine la mer, la petite ville de
Yenicher tombe par miettes ou vole en poussière.
Les toits de tuiles sont volatilisés en nuages rouges
et le ciel apparaît dans les brèches énormes des
murs. Quant à Koum-Kaleh, ce n'est bientôt plus
qu'un monceau de terre informe d'où s'élèvent des
colonnes de fumée noire. » — Lieutenant de vaisseau
de Sèze, commandant le torpilleur 353.

Lorsque le jour se lève, radieux, à l'heure qu'aucune bataille, aucune conquête humaine ne chan-
gera jamais d'une seconde, le spectacle est unique.
Partout des navires, des embarcations, des chalands, allant et venant, couverts de troupes, de
canons et de matériel. L'effervescence d'un essaim
d'abeilles guerrières, sortant pour assaillir une
autre ruche. « Sur les deux rives de l'Hellespont,
on voit maintenant les obus faisant voler des tourbillons de fumées de toutes les couleurs, orangés,
noirs ou blancs, selon le degré de combustion des
gaz. Des gerbes de sable, de terre et de pierres
sont projetées en tous sens. Aux éclairs lancés par

la gueule des canons succèdent de légers panaches
d'un jaune verdâtre, sous lesquels la mer prend des
teintes livides. Les ponts du *Jauré* (appellation fami-
lière du *Jauréguiberry*) sont rapidement jonchés de
douilles de tous les calibres, car une effroyable
dépense de munitions peut seule obliger les Turcs
à reculer suffisamment pour permettre le débarquement. (Dr Bartet, médecin principal du
Jauréguiberry.) » Le canon tonne depuis le golfe
de Saros, où les Anglais opèrent une feinte, jusqu'à
la baie de Bésika, dans laquelle nos croiseurs auxiliaires *Provence* et *Lorraine* simulent une attaque.
Les batteries turques ne répondent d'ailleurs que
faiblement. Elles se réservent pour foudroyer
embarcations et soldats à bout portant.

XVII. — LA DIVERSION FRANÇAISE

A 6 h. 30, jugeant les choses au point, l'amiral
Guépratte signale de faire embarquer la troupe
dans les canots. Mais il y a plus de 3 nœuds de
courant ce matin, et les chaloupes à vapeur ont
peine à le refouler. Plusieurs chapelets de ces petits
bateaux partent même en dérive. Ordre est donné
aux torpilleurs de les prendre à la remorque, pendant que les destroyers viennent se ranger entre

les cuirassés et la plage, pour balayer celle-ci avec leur artillerie à tir rapide. Vers 10 heures seulement arrive la première colonne de débarquement. Elle est amenée par le torpilleur 353 qui traîne d'un côté la vedette de l'*Askold* et 7 embarcations, de l'autre un vapeur et 4 canots, marchant à peine 4 nœuds sur le fond. A petite distance de terre, les remorques sont larguées, et la vedette russe prend la tête avec son convoi. Malheureusement elle se trompe, et, au lieu de gagner l'endroit un peu couvert qui a été convenu, va chercher l'appontement détruit. Le groupe qu'elle pilote est immédiatement arrosé par les batteries turques, et criblé de balles que crachent des mitrailleuses installées dans un des moulins en bordure du Mendéré. La situation devenait des plus pénibles, quand un coup heureux de 240, tiré par le *Henri IV*, et qui mérite de rester fameux, fait sauter le moulin avec mitrailleuses et tireurs. On voit les survivants se sauver en rampant hors du nuage noir soulevé par l'éclatement du projectile. Ayant reconnu son erreur, la vedette rebrousse chemin. Mais avant que les canots aient gagné l'abri du fort, In-Tépé les a repérés. Un obus atteint une chaloupe de l'*Askold*, où tout le monde est tué ou noyé.

Le capitaine Brison, commandant la 10e compagnie du 6e colonial mixte, se jette alors à l'eau, entraînant ses Sénégalais dans un élan superbe. Suivons-les de loin, comme font leurs camarades de la flotte. Car, bien que nous bornant à relater les événements au seul point de vue maritime, l'action des navires et celle du corps de débarquement dépendent tellement l'une de l'autre qu'il est impossible d'exposer la première sans résumer les principales phases de la seconde. Or, à peine ont-ils touché terre que nos irrésistibles tirailleurs se précipitent, la baïonnette en avant, et grimpent d'une seule traite jusqu'au parapet du fort, conduits par le lieutenant Bonavit, lequel est tué à la tête de son peloton. Le capitaine Brison a le bras traversé par une balle, mais refuse de se faire panser, et enlève sa compagnie qui, avec l'aide de la 11e, s'empare du fort, malgré de grosses pertes. Ce brillant exploit permet aux autres éléments de débarquer dans de meilleures conditions et assez rapidement. A 11 heures, le village de Koum-Kaleh est occupé en entier. Les troupes procèdent à sa mise en état de défense, et progressent le long du rivage, dans la direction d'Orhanié, que bombardent nos navires. On aperçoit de drôles de petites croix voler en l'air. « Vite mes jumelles —

dit le commandant du torpilleur 353. Dieu me pardonne ! ce sont tout simplement de pauvres Turcs qui, déménagés du fond de leurs tranchées par nos obus, font la roue à 20 mètres en l'air. »

A midi, second voyage des embarcations. Les 1re, 2e et 8e compagnies vont aussitôt renforcer la ligne d'attaque. Mais, en débouchant de Koum-Kaleh, nos forces se voient prises sous le feu violent et précis de fantassins turcs retranchés dans le cimetière du village, et cruellement éprouvées. Lancées sur l'obstacle, les 3e et 9e compagnies sont arrêtées presque instantanément. Il faut attendre qu'on ait du canon. Le radeau qui amène l'artillerie touche terre à 2 h. 30. Dès que la première pièce est montée, le colonel Ruef cherche à battre le cimetière en tirant par-dessus les maisons. Pour obtenir un résultat efficace, on doit la traîner jusqu'à la lisière du village. Etablis entre le fort et la plage, de manière à battre les tranchées d'Orhanié, deux autres 75 sont vite découverts par les obusiers d'In-Tépé, dont un projectile tue une demi-douzaine de chevaux.

Craignant de massacrer les leurs, les batteries turques n'osent plus tirer sur nos troupes, tellement elles sont rapprochées les unes des autres. En revanche, les obus pleuvent sur le fort de

Koum-Kaleh et ses alentours, où nos marins orga-
nisent le service de plage avec la plus belle insouciance du danger. Le radeau qui a servi au transport
des pièces est accosté à terre, de manière à former
ponton de débarquement. Des bouées sont mouil-
lées au large, pour l'amarrage des chalands, et des
va-et-vient établis avec le radeau. Un poste de
signaleurs est installé dans les glacis du fort.
L'évacuation des blessés commence, ainsi que la
réception des prisonniers. Rien n'est négligé pour
accélérer le déchargement et la réexpédition au
front des munitions, vivres, outils, fils de fer barbelés, mitrailleuses prêtées par l'escadre, matériel
de pansement, etc., que le colonel Ruef demande
au fur et à mesure de ses besoins. Tout cela dans
le fracas des marmites et des shrapnells. Parmi nos
officiers de plage, l'enseigne de vaisseau Nicolas, du
Jauréguiberry, est blessé des premiers, mais ne
consentira pas à abandonner son poste avant d'a-
voir dégagé les embarcations que la vedette de
l'*Askold* avait conduites à l'appontement qu'il
ne fallait pas. « Nous sommes seuls avec nos
armements de baleinières, une quinzaine d'hommes, armés de fusils sans baïonnettes, qui ne pèse-
rions pas lourd si les Turcs nous chargeaient, —
écrit-il modestement. Je crie au canot à vapeur du

Jauré de donner l'ordre aux embarcations mal engagées de se laisser dériver sur nous, afin de les cueillir au passage. On continue à nous fusiller du parapet (cela se passe avant le premier débarquement), mais les coups portent mal, car il faut que les tireurs sortent la moitié du corps et s'exposent. J'admire la belle conduite de l'armement du vapeur qui remplit sa mission imperturbablement et avec un bonheur complet. Le patron, le 2ᵉ maître Keraudren, debout à la barre, conduit la manœuvre, son sifflet entre les dents, aussi calme que s'il s'agissait d'accoster la coupée d'un navire, avec des dames. » Un autre officier, l'aspirant Damour, et 3 hommes de bonne volonté vont repêcher les mitrailleuses coulées avec la chaloupe russe. Celle-ci flottait encore, mais pleine d'eau. « Nous y entrons, moi et un de mes camarades, quoique les balles et les éclats d'obus tombent dru comme grêle. Les mitrailleuses sont engagées sous les cadavres, trop profondément pour les avoir toutes les deux. Malgré nos efforts, nous ne réussissons qu'à en dégager une seule. Aucun de nous n'est blessé. Nous retournons à la plage remettre la mitrailleuse aux soldats, qui sont bien contents, — raconte naïvement le gabier Antoine Ferrandi, du *Jauréguiberry.* »

A cinq heures du soir, notre petit corps expéditionnaire est entièrement débarqué. L'obscurité
va venir, et un avion l'*E-14*, piloté par le lieutenant
de vaisseau Barthélemy de Saizieu, ayant signalé
l'arrivée de fortes colonnes ennemies par le Sud,
tout mouvement en avant est suspendu. La situation est la suivante : 4e, 1re, 2e, 8e compagnies
et 2 sections de mitrailleuses occupent le secteur
Est, de la rive gauche du Mendéré aux abords du
cimetière ; le secteur Ouest s'étend du cimetière à
la mer, mi-chemin entre Koum-Kaleh et Orhanié,
tenu par les 5e, 11e, 10e, 3e, 9e compagnies (12e en réserve), avec 2 sections de mitrailleuses et une pièce
de 75 portée sur la ligne de feu. En dépit de tout,
nos héroïques coloniaux ont réussi à s'implanter
sur le sol asiatique, renouvelant, à 3 000 ans de
distance et exactement au même endroit, la prodigieuse aventure des Grecs « aux belles cnémides »
que commandait Agamemnon. Beaucoup moins
nombreux que ces derniers, les poilus du colonel
Ruef n'en ont pas moins fait reculer devant eux
toute une division turque, la 10e je crois, qui mettait
probablement son invraisemblable défaite sur le
compte de la fatalité.

Pendant toute la journée, nos bâtiments de combat ont appuyé la progression des troupes, d'après

les indications fournies par le commandement.
Une fois la brigade bien retranchée, voyant la
plage et ses abords violemment bombardés par les
batteries d'In-Tépé, l'amiral Guépratte fit remar-
quer au général d'Amade le risque que couraient les
embarcations si on les laissait à terre pour la nuit,
tout prêt cependant à les y maintenir, dans le cas
où le général le jugerait nécessaire. A quoi celui-ci
répondit : « Lorsque des soldats français descendent sur une terre ennemie, ils savent que c'est
pour y demeurer, morts ou vifs. Dans ces conditions, amiral, vos embarcations deviennent inutiles,
qu'elles retournent à bord. » Incident qui clôt
dignement cette belle journée, comme le remarque
l'amiral Guépratte.

XVIII. — GRANDE SYMPHONIE NOCTURNE

La nuit suivante fut une nuit d'angoisse, rappe-
lant la célèbre *noche triste* que les Espagnols de
Fernand Cortès passèrent devant Mexico avant de
s'en emparer. « Sur les deux rives du détroit, écrit
le docteur Bartet, c'est un crépitement ininter-
rompu de feux d'infanterie et de mitrailleuses,
s'enflant par moments, et accompagné d'incendies
un peu partout. L'artillerie des navires tonne sans

arrêter, surtout les pièces légères. » Ceux de l'escadre sont anxieux de savoir ce qui se passe à terre,
principalement du côté de Koum-Kaleh, où l'on
aperçoit, au ras du sol, les feux de salve de nos tirailleurs qui ont peine à repousser des attaques à la
baïonnette d'une violence extrême. La première,
à 8 h. 30 du soir, porte sur toute la ligne. Elle est
menée par au moins un régiment et demi, et se
trouve arrêtée net devant les défenses accessoires
qui garnissent le front de notre 3e bataillon (6e colonial), tandis qu'ailleurs des fantassins turcs
viennent tomber à quelques mètres seulement des
nôtres. A 10 h. 30, à une heure, et au point du jour,
nouveaux assauts précédés de salves d'artillerie.
Le dernier est conduit avec une énergie toute particulière, sur la droite de notre position qu'on n'a
pas pu garnir de fils de fer, et arrive au corps à
corps, mais n'en est pas moins repoussé en fin de
compte. Au lever du soleil, toutes les longues-vues
de l'escadre sont braquées sur le rivage, et on a la
joie de constater que nos troupes n'ont pas reculé
d'une semelle, alors que, devant elles, des cadavres
turcs jonchent le sol, sur une profondeur de 100 à
400 mètres.

Pendant la même nuit avait rallié le *Latouche-
Tréville*, croiseur cuirassé qui accompagnait le der-

nier convoi ramené d'Alexandrie. Il arrivait comme
le rideau était levé, mais encore à temps pour
assister au dénouement de la pièce, et voici dans
quelles circonstances fut obtenue la permission qu'il
en demanda, avec la même spontanéité que la
Jeanne d'Arc. « Vers midi, le 25, étant en route
pour l'île de Lemnos, nous avons entendu le canon
à plus de 100 kilomètres des Dardanelles. (Notes de
l'enseigne de vaisseau Biard.) Tout le monde est
monté sur le pont. On se bat, donc nos transports
seront les bienvenus. Vers la fin de l'après-midi,
nous entrons à Moudros, par un beau coucher de
soleil. La rade, magnifique, n'est plus meublée que
de quelques transports. Des tentes, des moulins
aux grandes ailes blanches, une église énorme et
bariolée, c'est tout ce que l'on voit de la terre.
Qu'allons-nous devenir? L'occasion est unique de
marcher au canon, et notre commandant — le
jeune et ardent capitaine de frégate Dumesnil —
s'y décide immédiatement. A six heures du soir,
nous nous élançons à 14 nœuds vers le détroit tout
illuminé. Les gros projecteurs turcs sillonnent
l'horizon de larges traînées blanches. La lune est au
zénith. Les silhouettes des bateaux se dessinent en
sombre, à la lueur des coups de canon. Nous sommes très vite à portée des transports, qui parais-

sent gigantesques dans la nuit. Mais il faut trouver
le *Jauréguiberry*, afin de prévenir l'amiral, et ce
ralliement de nuit est très délicat, sans aucune
donnée quant à l'emplacement des différents
navires. Nous savons seulement, pour l'avoir appris
à Moudros, que les Français opèrent sur la côte
d'Asie. La fusillade fait rage des deux bords, et de
toutes parts les signaux lumineux clignotent.
Avançons toujours. Reconnu l'*Askold*, le *Henri IV*,
enfin le *Jauréguiberry*, avec ses mâts robustes.
Après avoir communiqué au Scott (système de
signaux de nuit), le commandant se précipite chez
l'amiral.

« Tout en dérivant doucement, nous avons pris
place au théâtre, et les hommes oublient de se
coucher, malgré la fatigue des veilles de navigation.
Le spectacle est fantastique. D'abord une centaine
de paquebots, véritables fantômes avec leurs feux
masqués. Devant eux, la ligne des cuirassés, que
leurs canons entourent d'éclairs fauves, et qui
jettent la lumière crue de leurs projecteurs sur toute
l'étendue des côtes où l'on se bat. Au fond de la
toile, l'énorme flambeau de Chanak, qui tourne
lentement. Des lueurs et des explosions, on ne voit
et n'entend que ça. Où est l'ennemi? Où en sont nos
troupes? Impossible de le deviner. Mais les atta-

ques sont furieuses et continuelles. L'Europe répond à l'Asie, et souvent partent ensemble ; c'est
la bataille dans toute sa beauté. Une heure du
matin. Le commandant revient et nous réunit en
hâte. A l'aube, nous serons au poste le plus avancé
dans le détroit. Il faut absolument écraser les
Turcs sous notre feu, car aujourd'hui nos soldats
se sont cramponnés comme ils ont pu. Et ainsi que
naguère, à la veille des jours ardemment attendus,
je m'endors avec le même désir que la nuit soit très
courte et vite dormie, pour avoir la joie du réveil. »

XIX. — SUITE ET FIN DE LA DIVERSION FRANÇAISE

Dès que le jour le permet, nos navires de combat
ont repris les positions turques sous leur feu,
chacun la sienne. « Notre objectif à nous, *Latouche-Tréville*, est un cimetière planté de cyprès
comme tous le sont en Orient, centre de résistance
que le colonel Ruef a prié l'amiral de faire battre
consciencieusement. Pendant que nous nous en
chargeons, l'*Askold* allume une fois de plus l'incendie à Yenicher, le *Jauré* accable Orhanié, et les
salves de la *Jeanne* s'abattent sur le pont du Mendéré, rivière dont le ruban argenté se perd dans
une vaste plaine, basse et marécageuse. » Nos

troupes donnent en même temps l'assaut du cimetière. L'ennemi essaie de fuir, mais nos marmites
lui barrent le chemin, et on voit s'agiter de petits
drapeaux blancs. Du haut de son nid de pie, le
maître torpilleur de la *Jeanne d'Arc*, que sa cor-
pulence fait ressembler au postillon du père Tro-
pique dans la classique fête du baptême de la Ligne,
signale que des Turcs sont faits prisonniers
(150 environ).

Cependant les batteries de terre répondent ferme
à l'escadre, et soudain la *Jeanne d'Arc* se trouve
encadrée par le tir d'obusiers dissimulés dans les
collines d'In-Tépé. Un projectile à la mélinite
éclate sur le masque de la 9e pièce, couche tout son
armement sous la flamme et les brisures de métal.
Reste seul debout le 2e maître Sévellec, le modèle
des canonniers, affirme son commandant. Et je
le crois d'autant plus volontiers que je connais le
gaillard, neveu de mon vieil ami Mathieu Sévellec,
de Camaret, ancien quartier-maître de timonerie
avec lequel nous bourlinguions dans les mers du
Sud, il y a quelque chose comme 35 ans de cela.
Un second obus traverse le pont pare-éclats et va
se loger dans la soute à charbon où les soutiers
laptots, doués de ce beau sang-froid particulier
aux consciences pures, s'imaginent que c'est un

gros rat qui a fait ébouler un tas de charbon. Mais, comme le constate avec une sorte de regret le quartier-maître canonnier Carrié, du *Latouche-Tréville*, il y a tant de bateaux dans les détroits, que la part de chacun est forcément réduite à peu de chose !

Devant le cimetière, le mouvement de reddition commencé est interrompu par une scène de confusion à la suite de laquelle nous rouvrons le feu. Le général d'Amade, qui est venu voir où en sont les événements, se fait conduire par un torpilleur à bord de la *Queen Elizabeth*, quartier général provisoire de sir Ian Hamilton, le général anglais. L'effet de notre diversion étant jugé suffisant, il est décidé que le 6e colonial sera rembarqué pendant la nuit. En attendant le combat continue, toujours aussi acharné.

Mais, du côté d'Orhanié, la progression des nôtres était arrêtée par le feu d'une tranchée (marquée B sur la carte) tellement bien dissimulée qu'aucun de nos bateaux ne pouvait la battre efficacement. Le hasard voulut qu'elle fût découverte par la *Savoie*, dans sa première position sur le même plan. C'était un simple paquebot armé en guerre, dont le commandant, le capitaine de frégate Tourrette, n'en fit pas moins comme s'il avait eu un cuirassé à sa disposition. Seulement, il

Le débarquement de K[...]

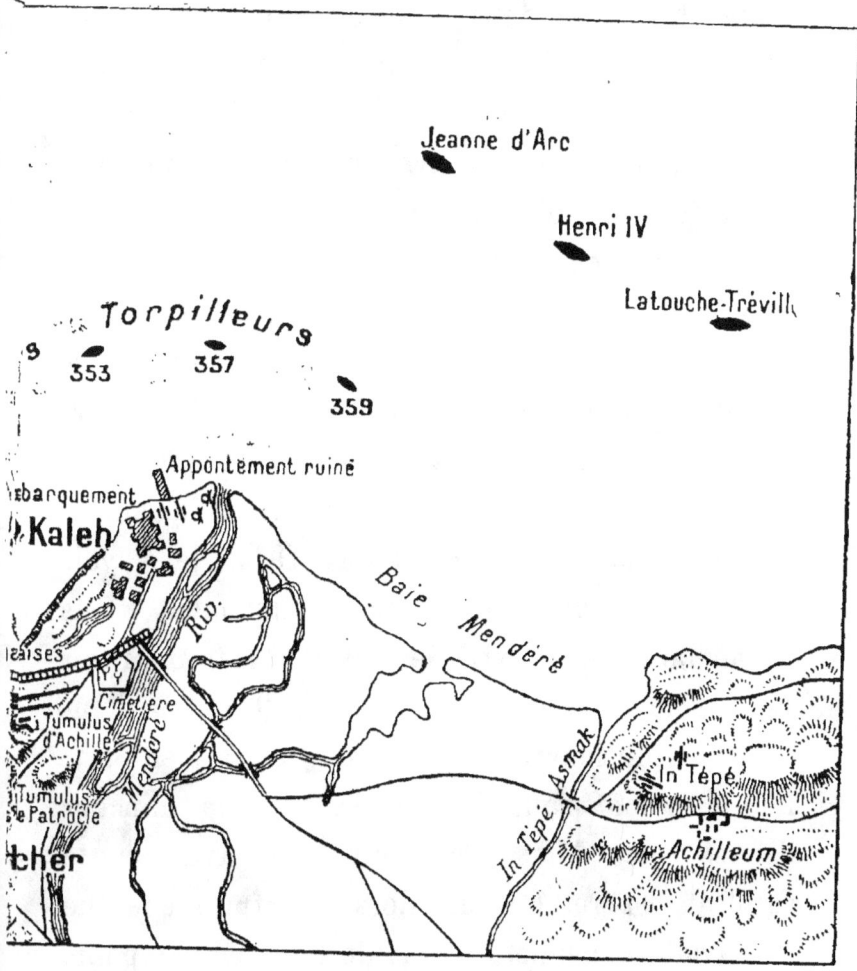

Jeanne d'Arc

Henri IV

Latouche-Tréville

Torpilleurs

353   357

359

Appontement ruiné

Débarquement

Kaleh   d

Riv.

Baie Menderé

Falaises

Cimetière

Tumulus d'Achille

Mendéré

Tumulus de Patrocle

In Tépé Asmak

In Tépé

cher

In Tépé Achilleum

deh (25-26 avril 1915.)

fut obligé de s'y prendre d'adresse, ainsi que lui-même va nous le raconter : « Demander à l'amiral à aller me placer dans l'axe et à faible distance de cette tranchée, c'était courir à un refus, à cause du manque de protection de la *Savoie*. L'amiral me pardonnera, j'espère, d'avoir eu recours à un petit subterfuge. Je lui demandai, par signal à bras, à me rapprocher de 1 000 mètres de la pointe de Koum-Kaleh, pour assurer une meilleure utilisation de mon artillerie, ce qui me fut accordé avec la recommandation de ne pas dépasser le travers du *Vinh-Long*. J'appareillai donc, et quand j'eus suffisamment gagné dans le Sud, mouillai sur la perpendiculaire du *Vinh-Long*. De là, je voyais la tranchée dans tout son développement et fis immédiatement ouvrir le feu à 3 200 mètres. » La *Savoie* fut bientôt encadrée par les obus d'In-Tépé, et plusieurs la traversèrent de part en part, heureusement sans éclater, grâce à la minceur de ses tôles. Mais son mouvement avait eu le résultat espéré. Ce fut alors une fuite éperdue de soldats ennemis, sortant de terre en rampant, grimpant sur les coteaux et dévalant dans une grande plaine derrière Orhanié. C'est à la suite de cette heureuse intervention que le 2e maître canonnier Dacier (promu et débarqué) écrivait au

commandant Tourette : « Quand vous quitterez
la *Savoie*, vous pourrez vous vanter de rendre le
bâtiment aussi pur comme vous l'avez reçu. »
Compliment délicieusement naïf, où perce toute
l'élévation des sentiments que le marin nourrit
pour son bateau, quel qu'il soit.

Une fois le tir de la *Savoie* un peu calmé, tous
ceux qui n'avaient pas décampé et qui étaient
encore vivants coururent au-devant de nos
tirailleurs en agitant des drapeaux blancs. De
même, près du cimetière. (Environ 500 prisonniers
recueillis à ce moment-là.) Nos troupes firent aussitôt un bond en avant. « Si l'effort avait été pour-
suivi, et des renforts débarqués, il est probable
que le lendemain on se fût emparé de l'importante
position de Yenicher, plateau dominant la mer
et la plaine du Mendéré, et d'où, avec des 75 et de
l'artillerie lourde, on eût pris d'enfilade les si
ennuyeuses batteries d'In-Tépé et de l'Achilleum. »
Médecin principal Bartet.

XX. — LE REMBARQUEMENT

A 4 heures, l'amiral Guépratte, qu'il est impossible de retenir dès qu'on se bat quelque part,
arrive à terre sur le torpilleur *311*. Il est immédia-

tement salué par une chute de grosses marmites, dont l'une éclate à 30 mètres. Tout le monde s'est couché, sauf lui qui, demeuré debout et souriant, se contente de murmurer un instinctif : « Maladroits ! » Il est venu complimenter nos braves coloniaux et prendre ses dispositions en vue du rembarquement.

Désespéré de se voir arracher du terrain si brillamment conquis, le colonel Ruef donne les ordres d'évacuation, en indiquant les positions de repli successives. Vers la chute du jour, le mouvement commence par la batterie et le matériel. Les premiers éléments d'infanterie embarquent à 10 heures du soir. L'ennemi, démoralisé, ne tente aucune attaque pour gêner l'opération. Seule, l'artillerie d'In-Tépé envoie sur la plage des projectiles qui causent des ravages terribles dans l'agglomération et provoquent un peu de désordre. Mais le calme se rétablit aussitôt, et le dernier soldat français a quitté la rive asiatique avant l'aurore.

« Pendant que l'évacuation bat son plein — écrit l'aspirant Parsy, du *Jauréguiberry* — les obusiers turcs se mettent à nous arroser. Une marmite tombe et éclate sur l'appontement, où se trouve massée une section d'infanterie (10 hommes tués).

Je me sens touché, en même temps que projeté
à l'eau. J'essaye de me débattre, mais, gêné dans
mes vêtements et emporté par le courant, je dérive
vers une embarcation du *Latouche*, à laquelle je
donne l'ordre de me ramener à terre. Il faut évacuer l'appontement sous la mitraille. C'est alors
que le dévouement des matelots est remarquable.
Certains d'entre eux (Vals, du *Jauréguiberry*,
entre autres) vont chercher des pauvres soldats
blessés pour les conduire aux embarcations, dans
l'eau jusqu'à la poitrine, malgré le feu, sans sour-
ciller. » Un autre officier de plage du même *Jauré-*
guiberry, l'enseigne de vaisseau Ciriaque, est également blessé.

« A 2 heures du matin, un groupe d'embarcations pleines de Sénégalais nous accoste (torpilleur *353*). Nous les prenons pour les conduire à
bord de la *Savoie* et du *Vinh-Long*. Tous ces braves
gens sont couverts de trophées qu'ils offrent à nos
hommes. Le *Henri IV* a fini par faire taire In-
Tépé. Les Turcs ne contre-attaquent pas, de sorte
que le décrochage se produit le plus tranquillement
du monde. Avec calme plat et clair de lune, les
mouvements des remorqueurs sont faciles. Au
petit jour, quand tout est fini, on voit un Turc
sur la plage, agitant quelque chose de blanc. Mes

matelots lui font un petit signe d'amitié : « Au revoir et merci ! »

En somme, une très belle page pour la France et pour la marine, que cette trop courte incursion sur un coin de terre tant de fois chanté, dont les nôtres pourront dire à leur tour :

Est in conspectu Tenedos, etc.

XXI. — LE DÉBARQUEMENT DES ANGLAIS

Pendant que nous exécutions la brillante diversion de Koum-Kaleh, les Anglais livraient et gagnaient ce qu'ils appellent *the great battle of the landing*, la grande bataille du débarquement. Après deux jours et deux nuits d'assauts furieux, renouvelés avec l'indomptable opiniâtreté qui caractérise l'héroïsme britannique, ils réussissaient à prendre pied sur la presqu'île de Gallipoli où notre corps expéditionnaire n'allait pas tarder à les rejoindre. Car c'est, dorénavant, en opérant par terre et par mer que l'on espère arriver à ce forcement des Dardanelles que la flotte avait d'abord essayé toute seule, avec une généreuse imprudence qu'elle a payée très cher. Fini, pour le moment du moins, le monstrueux duel entre forts et cuirassés dont nous avons tenté de rendre les différentes phases ; terminées les folles randonnées dans le détroit où les marins alliés venaient si galamment affronter la mort sous sa forme la plus traîtresse en même temps que la plus hideuse, celle qui surprit les braves du *Bouvet*, de l'*Irresistible*, de l'*Océan* et de l'*Inflexible* au plus profond de leurs géhennes étouffantes, et les fit passer par tous les supplices de l'eau et du feu avant de les couronner héros !

Désormais et jusqu'à l'heure du rembarquement, les navires n'agiront plus qu'en étroite collaboration avec l'armée. Toujours prêts à se sacrifier pour elle, ils devront la transporter, la ravitailler, la couvrir de leurs mouvants remparts, constamment s'interposer entre elle et les batteries de la côte d'Asie, ne jamais l'abandonner et assurer finalement sa retraite. Malgré la menace perpétuelle des mines dérivantes qui, depuis le drame du 18 mars, les ont obligés à se retrancher derrière des estacades, malgré la prochaine entrée en jeu des sous-marins autrichiens et allemands, pas une fois ils n'hésiteront à se porter où besoin sera pour appuyer un mouvement de nos troupes, les soutenir de leur artillerie ou détourner sur eux-mêmes l'attention et les coups de l'ennemi. Moins écla-

tant peut-être, mais encore plus pénible que quand
ils combattaient isolément, leur rôle n'en sera pas
moins glorieux. En particulier, la division navale
française va y conquérir de nouveaux titres à
l'admiration ainsi qu'à la reconnaissance du Pays.

Impossible toutefois de suivre les événements
maritimes sans rappeler de temps à autre le scé-
nario militaire qui les détermine et les explique.
D'où les courtes échappées que nous nous permet-
trons au dehors de notre cadre purement naval,
à commencer par une indispensable récapitulation
de ce qui s'est passé à terre depuis le débarquement de nos alliés. A peine ont-ils escaladé la
crête des falaises qu'ils s'élancent en avant, espé-
rant gagner du premier coup le fameux pic
d'Atchi-Baba, dont les hauteurs commandent le
Sud de la péninsule. Mais les Turcs se sont ressaisis.
Incapables de tenir contre les gros projectiles des
cuirassés qui les atteignaient de plein front tant
qu'ils occupaient les abords du rivage, ils ont
retrouvé toute leur force de résistance derrière
une seconde ligne de défenses, invisible celle-ci
aux canonniers de l'escadre. Nos alliés se virent
donc arrêtés net, à 3 kilomètres de leur point de
départ, et « réalisèrent », ainsi qu'ils disent, combien ils s'étaient trompés dans l'estimation des

difficultés à surmonter. Au lieu du coup de main à grande envergure envisagé par eux, il leur faudrait réduire des positions que les Allemands avaient eu le temps de rendre formidables. En admettant que l'on y consacrât les effectifs suffisants, une longue suite d'assauts meurtriers pouvait seule en venir à bout. Le général sir Ian Hamilton résolut de donner le premier séance tenante, et convia le général d'Amade à cette fête, invitation à laquelle il fut répondu avec l'empressement que l'on devine.

XXII. — AU TOUR DES NÔTRES

Le gros de notre corps expéditionnaire se trouvait rassemblé à Ténédos, où avaient rallié les transports du détachement Ruef, escortés par les bâtiments de ligne. Le même jour (27 avril), le convoi appareillait à destination de Seddul-Bahr, tandis que les cuirassés retournaient mouiller pour la nuit sous Yenicher, à proximité de leur prochain théâtre d'opérations. Vers 8 heures du soir, notre 175e régiment d'infanterie se déployait déjà sur la droite de la 29e division britannique et coopérait avec éclat à une offensive qui nous portait sur la ligne : cote 200 — cote 236 (Eski-

Hissarlik). Les journées suivantes furent consa-
crées au débarquement du restant de nos troupes,
dont les divers éléments allaient aussitôt prendre
part au combat qui n'arrêtait pas. En principe, la
mise à terre du contingent français devait être
opérée par les chalands et remorqueurs anglais.
Mais la flottille de charge de nos voisins ayant
beaucoup souffert, l'amiral Guépratte dut fournir
les petits vapeurs et embarcations nécessaires,
en même temps que de fortes corvées de matelots pour aider au transbordement de tout ce qui
arrivait à la plage.

Hommes, chevaux, mulets, sacs de farine et de
café, caisses de toutes les dimensions, barriques
de vin, blessés, prisonniers, matériel de campe-
ment, batteries, munitions, objets de pansement
et jusqu'à l'eau pour boire, tout cela s'accumulait
devant les ruines du vieux château d'Europe,
dans un désordre qu'augmentait encore l'éclatement des grosses marmites, celles que nos zouaves
avaient tout de suite baptisées les « Orient-
express ». Vous auriez dit les épaves de quelque
gigantesque naufrage, jetées pêle-mêle sur une
côte inhospitalière, et il semblait que jamais on ne
débrouillerait un pareil fouillis. Pourtant, grâce
à l'adresse non moins qu'à l'imperturbable sang-

froid de nos marins, fourmis capables de continuer leur besogne sous n'importe quelle tempête de feu, tous ces monceaux de choses invraisemblablement lourdes et encombrantes disparaissaient comme par enchantement, chacune dans la direction qu'il fallait.

« Vers 1 heure de l'après-midi (le 4 mai), comme nous reprenions le travail — raconte le quartier-maître canonnier Guyomard du *Jauréguiberry* — je me trouvais avec quelques camarades en train de charger un caisson d'artillerie, quand un obus tomba dessus. Les 4 chevaux de l'attelage furent tués, mais nous parèrent certainement des éclats, car il n'y eut qu'un matelot, appartenant à la *Foudre*, qui fut gravement atteint à la cuisse. Cet homme resta pourtant quelques instants debout, puis je le vis tomber en appelant « au secours ! » Je me portai à son aide. Mais au même instant un autre projectile éclata non loin de moi, et je reçus des éclats aux jambes. Aidé par quelques camarades, nous transportâmes le matelot de la *Foudre* à l'ambulance où il fut pansé, et moi aussi. »

De nouveau, les bâtiments de guerre français et anglais ont reparu à l'entrée des Dardanelles où ils se relayent, les uns arrosant les tranchées turques, les autres cherchant et réussissant sou-

vent à faire taire les obusiers soigneusement
dissimulés dont les « valises » bouleversent nos
ouvrages, dévastent nos campements, rendent
la côte intenable pour nos transports, et leur déchargement, la plus périlleuse des opérations. « Nous
partageons notre temps entre le Détroit et le
mouillage de Koum-Kaleh. Ici, c'est le repos des
pièces, l'écouvillonnage à fond et les indispensables visites du matériel : là-bas, la lutte conti-
nuelle avec les batteries ennemies. Mais nous,
nous sommes francs au jeu, très en vue, tandis
que les obusiers invisibles ne montrent que de
rares lueurs, seuls indices de leur présence. Nous
parvenons cependant à les museler, provisoirement cela va sans dire, et pendant qu'ils tirent sur
nous, ils laissent en paix les plages de débarquement. » (Enseigne de vaisseau Biard, du *Latouche-
Tréville.*)

A terre, on se bat nuit et jour, avec un acharnement terrible. Il faut, de toute nécessité, conquérir
l'espace nécessaire pour loger les troupes qui
continuent à arriver, et nos arrière-neveux frémi-
ront d'horreur quand ils sauront à quel effroyable
prix, en vies humaines, le mètre de terrain a
pu monter aux Dardanelles ! Aussi le service de
santé de la marine s'empresse-t-il de seconder

celui de l'armée qui est complètement débordé.
Non seulement les navires envoient tous les médecins, infirmiers et brancardiers dont ils peuvent
disposer, mais une ambulance est installée par nos
marins sur la rive Nord de la baie de Morto,
en contre-bas d'un demi-cercle de falaises qui
l'abritent un peu. « Pour donner une idée du
nombre de blessés qui nous passent par les mains,
je dirai que le navire-hôpital le *Canada*, survenu
vers midi (le 2 mai), repartait à la nuit avec son
plein. » (Médecin principal Bartet, du *Jauréguiberry*.) Vers 5 heures du soir, l'amiral Guépratte
descend, comme il en a l'habitude, pour se rendre
compte des choses. Sa visite est le signal d'un re-
doublement dans le tir de l'ennemi. « Jusqu'à
2 heures du matin, les shrapnells arrosent le Détroit,
les collines occupées par nos troupes et les
alentours de l'ambulance qui a la chance mira-
culeuse de ne rien recevoir, bien que quantité de
projectiles éclatent de 2 à 3 mètres de nous
(même journal). Le spectacle est merveilleux,
je dois le reconnaître. Un météore n'attend
pas l'autre, c'est un véritable feu d'artifice. Les
batteries des alliés répondent aux Turcs. Du
poste de secours, on voit tirer quatre de nos 75,
en batterie près du quartier général (alors dans le

11

vieux château de Seddul-Bahr) et les déflagra-
tions plus lointaines qui proviennent des cuirassés. D'innombrables balles tombent également
dans les eaux de la baie et jusque tout près de notre
poste qui reçoit encore des blessés, quoiqu'en
beaucoup moins grand nombre que pendant la nuit.
Enfin, vers 2 heures du matin, l'artillerie turque se
tait subitement. » Et si nous rapportons tous ces
détails, c'est pour donner une idée de la terrible
situation de nos combattants aux Dardanelles où,
faute d'un arrière-terrain suffisant, ils n'eurent
jamais une heure de trêve dans le danger, jamais
de sécurité nulle part, même pas un coin dans
lequel mettre leurs blessés à l'abri du tir des
batteries lourdes.

XXIII. — POILUS ET COLS BLEUS

Mais les Turcs recevaient incessamment des renforts. Après avoir été contraints de reculer quelque
peu, ils se ruèrent pour reprendre les lignes perdues.
Leurs officiers se croyaient tellement sûrs qu'une
dernière attaque de nuit allait nous rejeter à la
mer qu'ils étaient pourvus de feux de Bengale
rouges, blancs et verts : les premiers indiqueraient
à l'artillerie d'allonger son tir quand ils nous

Batteries Turques.
Fronts Franco-Anglais.
Limite de la Zone Anglaise jusqu'au 4 Mai.
d° après le 4 Mai.
S.V.W.
X.Y.Z } Points de débarquement des Anglais.

0 1 2 3 Km

Atchi Baba 219

Krithia

V. Anzac

4 Juillet
4 Juin (Oued) la Lers
Mai
30 Avril
4 Juin

Haricot
le Rognon
Redoute Bouchet
Fort in de Gouez
Kodja

Baie de Morto
Eski Hissarlik

Château
Phare V
C. Tekké 35
Bie Ertogrul

C. Helles

Seddul-Bahr

Râleau
le 4 Juin
Camargue
Trident
Sape
Latouche-Tréville
le 4 Mai et le 4 Juin

Cercle de protection contre les sous-marins décrit par le Chasseur.

D A R D A N E L L E S

La pointe de la presqu'île de Gallipoli.

aborderaient, les seconds que nos tranchées étaient prises, les derniers notre retraite définitive. Les rangs de l'avant n'avaient même pas reçu de cartouches, ne devant faire usage que de l'arme blanche. « Attaquez l'ennemi à la baïonnette et tuez tout ! Si vous reculez d'un pas, c'en est fait de notre religion, de notre pays et de notre nation. Soldats, le monde vous regarde ! Votre seul espoir de salut est de vaincre aujourd'hui ! » disait un pressant appel à la foi islamique, signé du nom bien osmanli de : von Zorwenstein.

Ce fut contre le secteur que nous occupions — de la baie de Morto au prolongement d'une ligne passant par Seddul-Bahr et le pont de pierre jeté sur le Kauli-Déré — que se portèrent les plus rudes efforts des Turco-Boches. A cheval sur les deux rives du Kérévès-Déré, ils dominaient les pentes auxquelles nous étions parvenus à nous accrocher et ne doutaient pas de nous en culbuter. Le 4 mai, nous avions repoussé tous leurs assauts, mais nos malheureux soldats étaient épuisés par 6 jours et 6 nuits de combats avec un ennemi perpétuellement renouvelé, alors qu'il nous avait fallu engager nos dernières réserves. Le moral restait excellent, et se manifestait par de vigoureuses contre-attaques ; mais les pertes subies avaient désorganisé les cadres et ruiné les effectifs. On attendait d'un moment à l'autre la division Bailloud, hâtivement envoyée de France, et on se demandait si elle arriverait à temps pour sauver la situation.

Dans ce pressant danger, le général d'Amade fit appel à l'excellente camaraderie de la flotte pour la prier de contribuer à la défense de nos positions : 1º en battant le versant occidental du Kérévès-Déré de manière à arrêter les détachements turcs qui tenteraient l'abordage de nos lignes ; 2º en mettant à sa disposition les compagnies de débarquement que l'on pourrait envoyer à terre ; 3º en lui fournissant des sections de mitrailleuses et, un peu plus tard, 4 canons de 37 avec le personnel et les munitions nécessaires. « Je sais de quoi vos marins sont capables, disait-il à l'amiral Guépratte, et en les associant à mes hommes, je serai heureux de les leur donner comme des exemples de vigueur, d'endurance et de dévouement. »

Or, presque tous les officiers et les hommes appartenant aux sections de débarquement se trouvaient depuis plusieurs jours en corvée à terre, où ils n'avaient pas eu un seul instant de repos, eux non plus. Mais la joie d'aller voir les Turcs d'un peu plus près, de pair et compagnon avec nos poilus, leur fit tout oublier, et à peine avaient-ils pris le temps de venir s'équiper à bord qu'un contre-torpilleur les ramenait à terre. « Pas de spectacle plus réconfortant, dit le médecin principal Bartet, que la fierté et le bonheur avec lesquels ils repartent en chantant, bien qu'anéantis de fatigue, les traits horriblement tirés et les yeux enfoncés jusque derrière la tête. Parmi eux se trouve un jeune homme nommé Clément Poli, fils d'un officier des équipages du *Jauréguiberry*. Le père, qui a perdu 5 enfants sur 6, dissimule son émotion quand il voit s'éloigner le seul qui lui reste, et l'exhorte à faire tout son devoir, comme un bon et fidèle matelot. » C'était, à l'une des extrémités de la hiérarchie, la même sublime abnégation dont le général de Castelnau donnait l'exemple à l'autre bout.

XXIV. — LE RAVIN DU KÉRÉVÈS-DÉRÉ

Voilà donc compagnies de débarquement et petits canons à terre, sans compter les équipes de ravitaillement et de secours aux blessés qui fonctionnaient toujours, et nous avons vu que ce n'était pas précisément une sinécure. Restait à satisfaire le principal desideratum du général, en

envoyant un bateau s'embosser devant le ravin
du Kérévès-Déré, afin de faire échec aux Turcs.
Ce fut le *Latouche-Tréville* qui fut choisi pour cette
mission périlleuse, étant celui dont la disparition
affaiblirait le moins la division navale, et inutile
de dire avec quel enthousiasme le vaillant petit
croiseur se lança en enfant perdu dans les passes
du détroit. A peine y entrait-il que la batterie
d'Atchi-Baba parvenait à le repérer. Un de ses
projectiles tombe sur un hauban du mât de
l'avant et crible la passerelle supérieure où sont
perchés les deux observateurs de mines, les quartiers-maîtres de timonerie Jaquin et Caric, dont
le premier est tué, le second blessé. A l'étage en
dessous, un éclat de bois ne fait heureusement que
contusionner légèrement le commandant Dumesnil. Pour dérouter les pointeurs ennemis, le
Latouche-Tréville change constamment de place,
mais en restant toujours par le travers des tranchées
à battre. « A 10 heures, retour de notre corvée de
déchargement par un torpilleur qui nous accoste
sous le feu. Les hommes sont couverts de boue et
tout blancs de poussière, mais ce n'est pas l'heure
du « lavage corporel », comme porte le tableau de
service, et je vois arriver dans ma tourelle le brave
Elias dont les yeux se ferment de fatigue. « A terre,

ça ne se dessine pas encore », me dit-il en style d'artiste. Mais voici l'amiral. La marque qu'il a fièrement arborée sur le *Trident* (contre-torpilleur) lui procure un superbe encadrement, dont il ne s'émeut pas. Il vient nous voir en action, et nous promettre une belle nuit de combat. On craint pour ce soir de nouvelles attaques qu'il faut absolument enrayer, et, jusqu'à demain matin, le *Latouche-Tréville* aura l'honneur de figurer l'aile droite de l'armée française » — conclut avec une légitime fierté l'enseigne de vaisseau Biard.

« Le bâtiment s'est laissé un peu « culer » — reculer, en style terrien — histoire de souper sans marmites (pardon du jeu de mots, il n'est pas de moi) et de réparer quelques avaries. Il remonte vers la côte comme le soleil se couche, tout rouge, derrière le mont Athos entrevu dans le lointain. Le vent s'est levé du Nord-Est. Il fait froid. Pour se mettre le plus possible à l'abri des hautes falaises, le commandant Dumesnil mouille à environ 2 000 mètres de terre. En même temps que le *Latouche* reprend le bombardement systématique des deux versants du ravin, ses projecteurs électriques forment, entre les lignes turques et les nôtres, un impressionnant barrage lumineux que l'ennemi n'osera pas franchir, ce qui va procurer à nos soldats le répit dont ils avaient impérieusement besoin pour attendre les renforts annoncés. « La nuit tombe quand nous jetons l'ancre. Nous voilà redevenus point fixe. Si nous sommes repérés, c'est l'écumoire. Et, comme avertissement, un premier projectile éclate à 10 mètres du carré, démolissant une chambre d'officier. Ça commence bien ! Il est 8 h. 15. Je descends près du servo-moteur (machine qui actionne le gouvernail) jusqu'à minuit, car nous ferons le quart par bordée. Des couvertures sont disposées dans les coins restés libres, et nous mangeons un biscuit en songeant que le jour sera long à venir. On entend contre la coque les coups de bélier des gerbes proches et je m'endors d'un sommeil sans rêves. Minuit. C'est mon tour d'être officier de manœuvre, et je grimpe dans le blockhaus. Très curieux. Je me suis endormi dans un vacarme étourdissant, et tout est calme à présent. Un changement de projecteurs a déréglé le tir de l'ennemi qui, découragé, s'est tu. Nous éclairons toujours les crêtes du Kérévès-Déré, falaises blanchâtres d'où partent les lignes turques que nous continuons à arroser systématiquement. Un timonier ne quitte pas la montre d'habitacle et, toutes les cinq minutes, nos salves sonnent comme un glas. Des

fusées, allumées par les Turcs, montrent qu'ils
n'ont pas renoncé à l'espoir d'assaillir nos positions si, par hasard, le *Latouche* venait à renâcler.
Je regarde la mer clapoteuse. Toujours ce courant
terrible qui semble nous repousser, mais n'en conduit pas moins sur nous, avec 4 nœuds de vitesse,
des mines invisibles dans la nuit. Des torpilleurs de
grand'garde sont par notre travers. Devant, rien
que les lueurs de Chanak qui brûle, mis en feu
par les 380 de la *Queen Elizabeth*. A 1 heure, il
faut relever l'ancre parce que nous avons dérivé.
Nous remontons doucement vers notre précédent
mouillage, le cap sur le gros projecteur de Chanak
qui vire lentement. La lune vient de se lever sur la
côte d'Asie, suffisante pour éclairer nos visages
harassés. Pauvre commandant ! Il voudrait bien
s'asseoir un peu, je crois, après 23 heures de
branle-bas.... L'armement des 65 tourne autour du
blockhaus pour échapper à la bise de plus en plus
fraîche, et je fais comme eux, tout en surveillant
mon alignement (pour se rendre compte si le navire
reste bien à son poste). Les Turcs n'ont décidément
pas osé attaquer, peut-être grâce à nous, j'aime
du moins à le croire. Au petit jour, nous partons
nous ravitailler à Moudros, comme on signale le
Burdigalia amenant (avec la *France* qui le suit)

les unités si impatiemment attendues. » (Enseigne
de vaisseau Biard.)

Cette nuit, dont l'attachant journal qui précède ne nous a résumé que la partie relativement
calme, avait été encore plus angoissante que celle
du 25 au 26 avril, après le débarquement. Seule, la
herse de lumière et de feu projetée par le *Latouche-*
Tréville empêcha probablement les Turcs
d'exécuter la charge décisive qu'ils avaient projetée contre nos troupes exténuées et réduites de
moitié. Mais le mauvais moment était passé et
voici dans quels termes le général d'Amade
remerciait l'amiral de sa fraternelle assistance :
« La compagnie de débarquement que vous avez
bien voulu mettre à ma disposition revient ce
matin à Seddul-Bahr, après avoir coopéré à la
défense de nos lignes à côté de ses camarades de
l'armée. Nous venons de recevoir des troupes de
remplacement de France et d'Algérie, dont la
présence me permet de vous rendre les fusiliers
marins qui avaient débarqué hier soir. Je compte
toujours sur l'appui du *Latouche-Tréville* pour
battre la vallée du Kérévès-Déré. D'après les renseignements qui me parviennent, son action a été
très efficace et a contribué à empêcher les Turcs
d'attaquer nos positions avec la même vigueur que

précédemment. Je vous serai reconnaissant de
vouloir bien remercier le commandant de ce
croiseur et d'agréer à nouveau l'expression de ma
gratitude pour le concours que la division
navale prête constamment au corps expéditionnaire d'Orient. »

XXV. — UN GROS OBUS QUI MANQUE SON EFFET

Mais le *Latouche* avait épuisé toutes ses munitions. L'amiral Guépratte désigna son propre
navire, le *Jauréguiberry* (commandé par le capitaine de vaisseau Beaussant), pour le rôle de flanc-
garde que le général lui demandait de tenir jusqu'à
nouvel ordre. « A 4 h. 45 (le 5 mai), le *Jauré* vient
d'appareiller du mouillage sous Yenicher où nous
avons passé la nuit, et remonte le courant des
Dardanelles. Une aube claire dore déjà les premières
cimes, chasse les grisailles de la baie d'Eren-Keui
et de la vallée du Mendéré qui a retrouvé son grand
silence. Les tertres d'Achille et de Patrocle se
profilent au-dessus des nuées qui embrument
encore l'Asie, et, du côté de l'Europe, la longue
table nue d'Atchi-Baba dresse son arête sombre
sur le fond d'or du levant. La nuit a été froide,
une de ces aigres nuits de printemps, dernière

revanche de l'hiver sur l'été bientôt vainqueur.
Avec ce qui nous reste d'hommes (la compagnie
de débarquement et les corvées ne sont pas encore
rentrées), nous avons peine à armer notre artillerie. Nous n'en allons pas moins nous embosser
contre ce fameux ravin du Kérévès-Déré d'où
les Turcs, admirablement retranchés, sortent
comme d'un repaire. Les nôtres se hâtent de
consolider leurs ouvrages, au delà du vieux fort
d'Eski-Hissarlik. On distingue les silhouettes des
travailleurs, finement découpées sur l'arête de la
falaise qui tombe à pic. Mais on a rappelé au branle-
bas de combat. Le pont se vide et, sur les spar-
decks, les servants des pièces légères sont les
seuls à se montrer. Les batteries d'Atchi-Baba ont
déjà ouvert le feu sur nous, tandis que nos 65 et nos
47 commencent à cracher ferme sur les Turcs.

« 5 h. 58. Une formidable explosion ébranle
tout l'arrière du navire. J'y cours. En pénétrant
dans le compartiment de la machine tribord, je le
trouve envahi par une fumée âcre, épaisse : on n'y
voit goutte et il est difficile de respirer. Les mécaniciens n'en demeurent pas moins à leurs postes. Le
temps d'entraîner un détachement de sécurité, et
je parviens jusqu'au salon de l'amiral où m'attend
le plus beau spectacle de dévastation que l'on

puisse imaginer. Un obus de gros calibre y a
pénétré, en écartant délicatement deux des
lames de laiton qui protègent les vitres de la claire-
voie, et a éclaté au contact du deuxième pont.
Les morceaux du projectile ont saccagé le salon,
mis en miettes meubles et boiseries dorées, lacéré
le portrait de l'amiral Jauréguiberry mais épargné
une icone russe, criblé la cloison de la salle de bains
qui ressemble maintenant au fond d'une passoire,
pour finalement s'abattre en pluie à travers le
deuxième entrepont. Dans cette pièce où l'incendie
couve parmi les débris de toute sorte, une silhouette
m'apparaît, immobile et silencieuse. C'est l'amiral,
qui sort de sa chambre. Ayant travaillé tard,
hier soir, il s'habillait et se disposait à monter sur la
passerelle quand il a été pris dans la rafale, sans
que, par miracle, un seul éclat l'ait touché. Avec
l'extraordinaire sans-froid qui le caractérise, il est
venu se rendre compte des dégâts et contemple
ses papiers gisant épars, brûlés et souillés. « Nous
avons eu un réveil en fanfare », lui dis-je. « Assuré-
ment ! » me répond-il en riant, tandis qu'il essaye
de sauver sa correspondance. Pas un mot, pas un
geste chez cet homme qui ne sait pas ce que c'est
que la peur, ni même que l'appréhension. Nos
matelots ont rapidement éteint le feu. Ils vont,

viennent, plaisantent, mettent de l'ordre tout en furetant dans les coins, à la recherche d'éclats ou de souvenirs. Le danger, ils ne s'en inquiètent guère non plus, ces grands enfants qu'on est constamment obligé de rappeler au sentiment de leur propre sécurité, et dont l'insouciance traduit l'âme simple, joyeusement et naïvement brave. » Témoignage d'autant moins suspect qu'il émane d'un bon juge en matière de courage, du lieutenant de vaisseau Delègue, passé sur le *Jauréguiberry* en quittant le sous-marin le *Coulomb* dont nous avons conté l'effroyable aventure avec une mine qui oublia d'éclater.

XXVI. — A TERRE

Le débarquement de la division Bailloud a permis aux alliés de reprendre l'offensive. Elle se poursuivra jusqu'au dernier jour et avec des chances diverses, mais sans que nous puissions jamais franchir le Kérévès-Déré, ni les Anglais dépasser le village de Krithia. De notre côté, la prise de la redoute Bouchet, et ensuite de celles pittoresquement surnommées le Haricot, le Quadrilatère et le Rognon, marqueront les progrès, aussi lents que coûteux, d'une lutte peut-être encore plus acharnée que sur les autres fronts.

On en jugera d'après les extraits ci-dessous, empruntés au carnet de notes tenu par un médecin-major ayant fait campagne en France et venu aux Dardanelles sur sa demande, avec la division Bailloud. Il va nous donner, de la façon la plus saisissante, l'aspect de cette formidable bataille, vue de terre.

15 mai. — 4 heures, réveil par 10 à 12 coups de gros canons de marine. Je me lève, il fait jour. Après un petit pain, dernier souvenir des bombances du paquebot (qui l'avait amené), où on a tout laissé, cantines, tentes, voitures et ordonnances, je vais au port (de Seddul-Bahr) chercher des vivres pour la popote. Heureusement, j'en trouve. Pendant ce temps, la côte d'Asie tire sur nous, et les Turcs d'en face aussi. Le commandant de notre bataillon reçoit une balle de shrapnell sur le poignet. Un cheval tué et un sergent blessé. Un autre homme tombe. Le 75 répond avec énergie et sécheresse. C'est un arrosage qui cesse à 11 heures. La bataille continue. Les Anglais avancent et on voit nos zouaves charger. Il y a des Américaines qui paieraient cher ma place, à condition de ne pas y rester trop longtemps. Le soir, grand combat par notre flotte. Raffut inexprimable. Puis, le calme. Allons retrouver notre trou.

16 mai. — Bonne nuit, dans notre trou bien arrangé par nos infirmiers. Nous couchons ensemble tous les cinq (médecins et infirmiers). Réveil en fanfare. Un temps radieux. La visite. Boum ! Un shrapnell. C'est l'arrosage qui recommence. 9 heures. La 1re compagnie arrive avec mon confrère, venant de débarquer. Ordre de tout plier. On part à 4 kilomètres plus en avant, où on s'empresse de creuser de nouveaux trous. Les moins habiles remuent la terre avec ardeur. Il pleut des balles turques. En un rien de temps, 6 blessés dont 2 assez grièvement. Un Anglais fait le tour du camp, à cheval, et troque contre du pain, dont il manque, des confitures et autres conserves. Les blessés continuent. Quatre heures. Notre premier mort : un pauvre gosse de la classe 15 qui, pendant qu'il rigolait, a eu la carotide tranchée par une balle.

17 mai. — Quatre heures. Réveil habituel par le tir des bateaux. On se secoue, on se nettoie et on va à ses petites affaires. A 11 heures, rafale de shrapnells. A 10 mètres de nous, le maître pointeur (anglais) d'une grosse pièce a la tête emportée. La pièce continue son tir. A 7 heures, comme les autres soirs, les Anglais ferment boutique. Ils

remettent veste et casquette, prennent leurs
cannes et s'en vont. Ils sont très, très courageux.
A 6 heures, mon bataillon part aux tranchées.

18 mai. — Temps délicieux. Toilette. Écritures,
les saintes écritures ! Depuis le débarquement du
25 avril, nous ne sommes encore qu'à 4 kilomètres
du point de départ, c'est-à-dire que tout le monde,
quartier général, approvisionnements, ambulances
et le reste est sous les obus. Et dire qu'on a appelé
ça la promenade des embusqués ! Un régiment,
sur 20 officiers, en a eu 10 tués et 9 blessés. Mais
les neuf dixièmes des hommes sont blessés par
imprudence. Ils veulent voir, la curiosité l'emporte
sur la prudence. Je ne dis pas sur la peur, car ce sentiment n'existe pas, en général. On a plutôt l'impression désagréable du canard attaché pour le concours de tir du 14 Juillet, en province. La rafale
passée, l'homme, comme le canard, se relève sur ses
pattes de derrière et s'ébroue, avec cette différence
que l'homme se croit obligé de crier des injures au
tireur, de l'appeler maladroit. Deux heures. Ordre de
rejoindre la ligne de feu, car on va avancer. Je for-
merai mon poste de secours là-haut. Chaleur du
diable. Je monte avec mon bazar et nos brancardiers. Ça siffle, les balles pleuvent, mais nous
passons sans encombre, jusqu'au poste du comman-

dant. Dîner, et en route pour l'endroit désigné. Ah !
mes enfants, quel potin ! Nous devons, cette nuit,
attaquer la redoute Bouchet pour nous élargir.
Notre artillerie donne, celle des Anglais aussi, et
les bateaux en font autant. Vers 10 heures, les
moulins des mitrailleuses se mettent de la partie.
Mon aide-major ronfle à couvrir leur bruit. Ça dure
jusqu'à 4 heures du matin.

19 mai. — Le café arrive. Les Turcs recom-
mencent l'arrosage. Mais le temps est magnifique.
Les tourterelles, moins bêtes que les hommes,
roucoulent et font l'amour.

20 mai. — A 9 heures du soir, ordre de rejoindre
en première ligne. Trois kilomètres de boyaux dans
l'eau jusqu'aux genoux. On parle d'hygiène !
Sans couvertures, nous nous vautrons les uns sur
les autres dans un trou où ça sent le mort. Mais on
dort tout de même, et le téléphoniste, à côté de
nous, continue, comme dans *Michel Strogoff*. On
s'habitue à tout. A 4 heures du matin, les cuistots
arrivent. Ah ! les braves gens que ces hommes qui,
sans armes, montent et descendent trois fois par
jour, sous n'importe quel arrosage. On avale le
café en vitesse, puis, une attaque. Les journaux
disent que les Turcs n'ont pas d'artillerie. Eh bien,
alors, s'ils en avaient ! Deux marmites de suite,

tout près de nous. En l'air, passe un Turc qu'un
coup de 75 a été cueillir en face. Accalmie vers
4 heures. Il paraît que nous avons pris 3 tranchées.
Puis, c'est de nouveau la ronde infernale. Un jeune
sous-lieutenant part avec sa section. Tout de suite,
10 hommes tués et 7 blessés; dont lui. Il faut faire
des boyaux pour aller à ces braves qui étaient
partis à découvert, à plat ventre. La relève des
tranchées se fait tous les jours à 18 heures, comme
en France, malgré qu'il fasse encore grand jour ici,
C'est idiot. Cela nous peint et prouve qu'après la
guerre, il n'y aura pas grand'chose de changé, à part
les pauvres diables qu'on ne remplacera pas.
Chaleur torride. Cas d'insolation. Mais les costumes
kaki des hommes sont à Ténédos ! C'est partout
la même chose.

21 mai. — Il est arrivé deux téléphonistes. L'un
d'eux est sourd. Ça me rappelle qu'en France, notre
cuisinier avait été lauréat trois années de suite au
concours de tir Lebel. Nos brancardiers sont admirables. Ils ont certainement fait plus de 25 kilomètres avec des blessés sur le dos.

22 mai. — Pluie et orage pendant un quart
d'heure. Sur les 2 heures, ordre de partir en avant.
75, 120, 150, 305, canons de marine, les Anglais,
tout part à la fois. Quel potin ! Puis, un peu de

calme. Pourvu que ça dure. Gros déchet, en morts
et blessés. Dîner épatant, avec vins et cigares de
France, les derniers. A 2 heures du matin, on vient
nous chercher. Une tranchée s'est éboulée sur nos
mitrailleurs. Après une longue séance de respi-
ration artificielle, nous avons la joie de les voir
revenir à la vie.

23 mai. — Le combat d'hier a coûté de fortes
pertes au 3e zouaves. Car il a tenu, après avoir
épuisé ses cartouches, jusqu'à ce qu'on le ravitaille
et qu'on le renforce. Notre bataillon a été félicité
par le général Gouraud. Je suis nommé à l'ambulance 2. J'y cours. Bon dîner, soirée sans marmites. Goûté un merveilleux coucher de soleil
sur la rade où débarquent 3 500 légionnaires et de
l'infanterie. Je regrette mes infirmiers, si bons
pour les blessés et pour moi.

24 mai. — Service pour les morts. Un boy-scout
de dix-sept ans, dont le père a été tué à la guerre,
va tous les jours dans les tranchées faire le coup
de feu, soigner et ramener les blessés. Il est choyé
de tous pour ses malheurs et son courage.

26 mai. — Après midi, on vient me chercher.
Mon ancien commandant, B..., vient d'être amené
à l'hôpital de campagne. Il a reçu une balle qui a
fait éclater la paroi pariétale. On le trépane et

on bourre. Mais il est flambé. Soirée tranquille.
Le Français, insouciant, imprudent et insoumis,
ne s'est jamais tant baladé le soir sur les crêtes
que depuis que c'est défendu.

28 mai. — Un aviatik vient nous lancer des
bombes. Les 150 longs et courts qui étaient près
de nous partent pour l'avant. Bon signe ! Les
pièces ne démarrent que tirées par 12 ou 14 chevaux. Pas de lettres. C'est évidemment pour
éviter les indiscrétions. Soirée très calme, avec un
coucher de soleil comme je n'en avais pas encore
vu, bleu et jaune dans la mer. La lune se lève très
grande sur le Château d'Europe.

29 mai. — Été au 5e pylône passer la visite.
Au repos, le 176e a eu 2 tués et 6 blessés par rafales
de shrapnells. Il a fait 200 mètres de tranchées à
la sape, à 40 mètres de l'ennemi.

30 mai. — Départ pour le 5e pylône avec toute
l'ambulance. On charge tout; et alors, comme
d'habitude, deux ou trois contre-ordres, dételé,
re-attelé, et ainsi de suite. Enfin on part pour le
camp-pylône. La nuit, attaque.

31 mai. — Paye. On touche. Pourquoi faire ici?
Journée calme mais très fatigante à cause de la
chaleur; malgré laquelle il faut creuser nos trous.

4 juin. — Grande attaque. Les blessés qui

peuvent marcher commencent à arriver. Bruit les
plus divers suivant les hommes, leur âge, leur
moral, leur blessure, leur poste. Nous travaillons
par équipes, car c'est éreintant de panser en
restant accroupis. Très calmes, les blessés ne
geignent pas. A 1 heure du matin, défilé des gros
blessés qui étaient par terre depuis 4 heures du
matin. Ils ne se plaignent pas non plus. Nous opé-
rons au milieu des balles qui sifflent. Le médecin
en chef Bertholet est blessé. Il se panse et continue
son service jusqu'au moment où on l'oblige à se
laisser évacuer. Beaucoup de blessés graves
arrivent seuls. Les Sénégalais sont impassibles
comme des statues. Ils s'asseoient et attendent
leur tour. « Y en a bon. » Un vieux arrive, majes-
tueusement, le cou entouré d'un chiffon de laine
tout sale. Son cou est complètement ouvert, le
larynx à nu, et nous avons la stupéfaction de le
voir marcher comme ça. On bourre, on panse, et il
s'en va gravement tout seul, serrant son grigri
contre les blessures. En résumé, tous nos hommes
sont admirables, mais que c'est triste et abominable de voir anéantir de telles énergies !

5 juin. — Pendant l'infernal charivari produit
par nos 96 pièces de 75, plus les 105 et 150, sans
compter les Anglais et les bateaux qui tirent à

raison de 15 coups par minute, on sent d'abord un ahurissement profond, causé par le bruit, puis une sorte de griserie violente. On gesticule, on s'aborde en riant : « Qu'est-ce qu'ils prennent ! » Ensuite, au silence consécutif de l'artillerie correspond une grande angoisse. On s'asseoit, en essayant de conserver son calme. Là-bas, à 2 kilomètres, c'est la charge. Que va-t-il se passer ? Puis arrivent des blessés, et la profession reprend le dessus. On n'entend plus rien. On fonctionne, tous retrouvent le calme, même les plus nerveux. L'occupation tue la pensée. Nous sommes entourés de marmites et j'avoue que nous nous courbons au sifflement, ce qui est idiot, car celui qui est touché ne l'entend pas.

6 juin (dimanche). — On continue à avancer. On a fait des officiers et des marins allemands prisonniers. J'ai assisté à une messe en plein air dite par un lieutenant du 176e. C'est infiniment touchant.

Telle était la physionomie des combats dont nous allons, maintenant, reprendre le côté purement maritime.

XXVII. — FANTÔMAS

Tous les jours un de nos cuirassés, escorté de torpilleurs et de chalutiers, vient soutenir nos troupes de son artillerie légère, tandis que ses grosses pièces cherchent les énervantes batteries de la côte d'Asie et les réduisent fréquemment au silence. Mais, le soir, on ne mouille plus devant la pointe de Koum-Kaleh vers laquelle le courant porte trop volontiers les mines dérivantes. C'est à Moudros ou à Kephalo (île d'Imbros) que les navires vont passer la nuit, excepté les transports en déchargement et les bâtiments de garde qui restent amarrés sous le cap Hellès, dans une espèce de petit port que dessinent de vieux bateaux coulés à courte distance du rivage. Là, on pourrait dormir tranquille, n'étaient les obusiers d'In-Tépé qui, ayant une fois repéré les appontements d'en face, les arrosent périodiquement, à toutes les heures du jour et de la nuit. Afin d'y remédier, l'amiral décide l'organisation d'un front de mer, armé avec des pièces de 143 que fournit la *Provence* : en les montant sur plates-formes bétonnées, il sera possible de procéder à un tir méthodique et efficace sur les batteries en question.

Or, le 12 mai, les escadres alliées recevaient la nouvelle sensationnelle qu'un grand sous-marin boche — sinon deux — venait de franchir le détroit de Gibraltar. Selon toute probabilité, ce requin de haute volée était à destination des Dardanelles

où il trouverait refuge, essence et proies à volonté.
En conséquence de quoi, les mesures de précaution
furent renforcées partout et la plus grande surveillance recommandée aux hommes de vigie.
Comme bien on pense, l'imagination de ces derniers
fit surgir nombre de périscopes et de dômes,
qu'après canonnade et charge à coup d'étrave on
dut reconnaître pour d'innocentes barriques vides
ou des bouchons de paille à la dérive, quand ce
n'était pas quelque bande de marsouins se livrant
à ses ébats. Aussi les matelots du *Suffren* — revenu
de Toulon et portant de nouveau la marque de
l'amiral Guépratte — avaient-ils baptisé du nom
de « Fantômas » le monstre insaisissable dont la
hantise donnait la berlue aux meilleurs yeux.
Le 23 mai, cependant, le *Jauréguiberry* prolongeait
la côte Ouest de la presqu'île de Gallipoli, lorsque
le commandant, l'officier de quart et un second
maître de timonerie distinguèrent très nettement
le sillage d'un périscope, découverte dont fut prévenu le *Lord Nelson* qui revenait de Gaba-Tépé,
où les cuirassés anglais prêtaient la même assistance à leurs troupes que nous aux nôtres devant
Kérévès-Déré. Et, dès lors, les gros navires ne
firent plus que des routes en zigzag, comme s'ils
eussent tous été pris d'ivresse.

Deux jours plus tard, le 25, le fantôme se décidait enfin à se manifester. Vers 7 heures du matin, le *Swiftsure* le canonnait à 300 mètres. Trois heures plus tard, il attaquait la *Vengeance* en marche, et la manquait. Enfin, à une heure de l'après-midi, il torpillait le *Triumph* qui se trouvait au mouillage sous Gaba-Tépé : c'était heureusement un bateau récent, dont les cloisons résistèrent assez longtemps pour permettre de sauver presque tout l'équipage (17 morts seulement). Ce qui n'empêcha pas notre *Jauréguiberry* de passer la nuit à la mer pour reprendre le lendemain matin sa faction dans le détroit.

« La balade continue, — écrit un officier mécanicien. Le *Charlemagne* nous signale avoir vu des traces de pétrole apparaissant à intervalles réguliers et indiquant une montée vers les Dardanelles après passage sous lui. Dans la matinée, nous faisons des S entre l'Europe et l'Asie. Sur les 5 heures du soir, comme nous exécutons un crochet à l'entrée du détroit, un officier des équipages, M. Franceschi, chef de la tourelle de 270 bâbord, accourt, tout ému, prévenir le commandant qu'il vient d'apercevoir, à environ 80 mètres de nous, le tube vert d'un périscope dont le miroir tournant lui a envoyé le reflet du soleil en plein dans l'œil. C'est notre mouvement de giration qui nous a sauvés, en obligeant le sous-marin à plonger pour se garer de nous. Si nous avions donné notre coup de barre une minute plus tard, il nous torpillait ; une minute plus tôt, c'était nous qui le coupions en deux. Nous prévenons les amiraux et le cuirassé anglais *Majestic* qui est à toucher le cap Hellès, au milieu des cargos. Marché toute la nuit en décrivant les courbes les plus fantastiques. »

Au reçu de l'avertissement donné par le *Jauréguiberry*, le *Majestic* a croisé ses filets Bullivan et donné l'ordre à des chalutiers de faire la ronde autour de lui. Mais son immobilité va le perdre. Avec la patience du serpent fascinant un malheureux oiseau qui a négligé de s'envoler, le sous-marin parvient à se glisser sous les chalutiers et, à bout portant, torpille le *Majestic* qui coule en sept minutes. Il est 7 heures du matin, le 27. La *Fanfare* (lieutenant de vaisseau Bonnin, commandant) passait par là. Ayant vu une fumée bleuâtre s'élever de la mer, elle préjugea que c'était l'endroit d'où venait de partir le coup et fonça dessus, inutilement du reste, puis se rapprocha du navire frappé à mort pour contribuer au sauvetage des survivants. Esclave de la consigne, le *Jauréguiberry* n'en poursuivait pas moins ses courses tortueuses entre les deux rives des Dardanelles.

Il restait le seul en vue, offrant, serait-on tenté de
dire, l'unique morceau de chair fraîche que l'ogre
pût encore se mettre sous la dent. Celui-ci n'eut pas
une minute d'hésitation. A 7 h. 30, tandis que les
destroyers anglais le chassaient où il n'était plus,
son périscope émergeait derrière le cuirassé français. Mais on veillait à bord du *Jauréguiberry*. Les
pièces légères ouvraient immédiatement le feu sur
l'ennemi et l'obligeaient à replonger avant d'avoir
pu se mettre en position pour lancer sa torpille.
Occasion que le sous-marin ne retrouvera pas, le
Jauréguiberry ayant reçu ordre de rallier Moudros,
avec le *Suffren* qui venait le relever. Vers midi,
comme les deux cuirassés arrivaient à l'ouvert de
la rade, ils eurent une dernière émotion, mais pour
rire cette fois. Tout d'un coup le *Suffren* hisse le
signal d'alarme et le *Jauréguiberry* vient en grand
sur la droite, à toute vitesse, en tirant dans l'eau. Un
torpilleur de garde—le *353*, commandé par le lieutenant de vaisseau de Sèze— se précipite à 18 nœuds
sur le point visé, et trouve... une botte de foin qui
n'avait aucunement souffert de ce bombardement.

XXVIII. — ENCORE LE KÉRÉVÈS-DÉRÉ

Après les catastrophes survenues au *Triumph*
et au *Majestic*, la prudence la plus élémentaire

commandait de ne plus risquer de cuirassés aux abords du détroit sans nécessité absolue. Les occasions ne manqueront pas du reste, et il s'en présenta une, dès les premiers jours de juin, provoquée par l'obligation de soutenir une offensive du général Gouraud qui avait remplacé le général d'Amade. Les mêmes raisons que précédemment firent que le *Latouche-Tréville* fut encore désigné. Il revenait d'accomplir différentes missions dans le Levant, toujours avec le même brio, et ne demandait qu'à marcher. Mais, comme ces figurants qui changent de costume et de perruque dans la coulisse pour ne pas être reconnus, il cala son mât arrière et peignit des moustaches blanches sur son étrave, de manière à dérouter les télémétristes ennemis.

« Ce matin (4 juin), levé l'ancre à 5 heures (enseigne de vaisseau Biard). Le soleil se levait sur Moudros endormi. Nous sommes sortis sans bruit, et les cuirassés jaloux ne nous ont pas entendus. Les itinéraires en zigzag commencent. Pendant que nous faisons route vers le détroit, conférence chez le commandant. Le général Gouraud veut prendre le Haricot et le Quadrilatère, deux saillants turcs qui dominent nos positions. L'attaque aura lieu à midi. Il faut la préparer. Nos pièces de bâbord, magnifique artillerie lourde, prendront d'enfilade les tranchées turques, pendant que celles de tribord feront taire les batteries d'Asie. Nous serons gardés par le *Chasseur*, la *Sape* et le *Trident* (destroyers), le *Râteau* et la *Camargue* (chalutiers).

« Mais ce n'est plus comme le mois dernier. Les batteries turques se sont multipliées, ainsi que les mines dérivantes ; les sous-marins allemands rôdent toujours et les cloisons étanches de notre vieux croiseur ont 25 ans de service. N'importe ! le bateau n'en donnera pas avec moins de cœur, au contraire, car je sens bien que nous sommes tous également résolus et prêts à tout. A 10 h. 30, je monte prendre le quart. Le ciel est toujours bleu, pas un nuage depuis un mois. Mais la brise est fraîche, l'air plein de poussière, l'horizon flou, et la terre se perd dans un mince brouillard. Quelques bateaux sont mouillés devant le cap Hellès, petits transports et chalutiers qui ne craignent pas la torpille. Le *Chasseur* décrit ses cercles de patrouille autour de nous. Un avion ronfle du côté de Tenedos. Hissons la grande enseigne, car l'ennemi doit nous voir.

« A 11 heures, Koum-Kaleh est par le travers. Le commandant me montre un sans-fil que l'avion vient de nous envoyer : « Sous-marin ennemi à

4 milles dans le Sud d'Hellès » — à 2 milles de nous,
par conséquent. Tant mieux ! ça distraira les 65
qui n'ont généralement rien à faire. Branle-bas
de combat. Les batteries d'Asie nous ont aperçus.
Premier sifflement, suivi d'une première gerbe,
mais nous n'aurons pas le temps de compter les
autres. Voilà, par bâbord, le fameux ravin de
Kérévès-Déré, à 2 000 mètres. Le tir commence.
Pendant trois quarts d'heure, tout ce que peuvent
envoyer nos canons part sur l'ennemi. Ma tourelle
est pleine de fumée, l'armement en nage, mais
rien n'a flanché. A terre, tout disparaît dans les
panaches d'explosion que le vent rabat. Nous
avons remis en marche, et cheminons à la manière
des reptiles. Nouveau T. S. F. : « Sous-marin
ennemi remonte le détroit. » Si c'est après nous qu'il
en a, comme plus que probable, il arrivera trop
tard, nous avons joué notre scène capitale. C'est
maintenant le tour de l'infanterie.

« Nouvelle passe d'artillerie, pour effectuer un
tir de barrage en arrière des tranchées turques.
Alerte ! le 65 avant vient de tirer sur une mine que
notre pointeur d'élite coule en 6 coups. Bravo !...
Un T. S. F., du général, cette fois. Il nous prévient
qu'une seconde attaque se déclanchera à 4 h. 15
pour achever la prise du Quadrilatère. Même jeu

que ce matin. Nous avons recommencé le tir accéléré en nous rapprochant de la côte d'Europe. Deux grosses gerbes par bâbord devant. Ce coup-ci, ça vient d'une batterie, légendaire parmi nous, d'Atchi-Baba. Avant que le bateau ait eu le temps de bouger, le troisième coup est à bord, entre ma tourelle et les 65 : 2 tués, 5 blessés dont un grièvement. Le tir a continué, aussi rapide, aussi intense... A 19 heures, nous sommes au même poste, tirant toujours. Ma tourelle est splendide, avec ses blessés qui sont revenus à peine pansés. A 19 h. 30, le soleil disparaît ; nous envoyons notre dernière salve et reprenons la route à l'Ouest, pendant que notre télégraphiste enregistre les remerciements du général. Il n'y a plus que le sous-marin à craindre. Nous ne l'avons pas aperçu, ni à la sortie, ni pendant le retour, malgré la pleine lune. Nos routes sinueuses et nos canons prêts à faire feu l'ont sans doute découragé. Et avec notre blessure glorieuse, nous rentrons dans Moudros endormi pour chercher notre place parmi les cuirassés. »

XXIX. — TORPILLEURS ET CHALUTIERS
A L'HONNEUR

A l'action du *Latouche-Tréville* avaient brillamment contribué les petits bâtiments qui l'accom-

pagnaient. Malgré leur absence complète de protection, ils vinrent cracher sur les lignes turques,
à distance assez courte pour que leur feu produisît
tout son effet. Le *Trident* se présenta le premier.
« On voit les tranchées (celles du bas Kérévès)
d'enfilade — dit son commandant, le lieutenant de
vaisseau Roqueplo — et comme nos 4 pièces battantes (un 65 et trois 47) tirent une douzaine de
coups à la minute, les rafales de projectiles tombent
dru sur l'ennemi qui, surpris par cette attaque de
flanc inattendue, lâche pied. » La *Sape* (commandée
par le lieutenant de vaisseau Frochen) entre en
scène au moment où le *Trident* s'éloigne, de sorte
que les Turcs n'ont pas le temps de se ressaisir.
Immédiatement après, ce sont le *Râteau* (lieutenant de vaisseau Faurie, commandant) et la
Camargue (lieutenant de vaisseau Bergeon), qui,
tirant moins d'eau, peuvent s'approcher assez près
du rivage pour faire emploi de leurs mitrailleuses
sur les Ottomans en fuite. Cette intervention de la
flottille impressionne aussi nos braves soldats, mais
dans un tout autre sens, et les officiers ont
parlé des cris de joie qu'arrachait à leurs hommes
l'efficacité du tir des torpilleurs et chalutiers.
Car rien n'est de nature à encourager une troupe
qui va se précipiter à l'assaut comme de con-

stater l'effet de sa propre artillerie sur l'adversaire.

Si les navires de la flottille changeaient aussi souvent de place, c'était afin d'éviter d'être repérés par les batteries d'In-Tépé et des Falaises Blanches, qui les avaient pris à partie. « Les projectiles pleuvaient autour de nous (même source que ci-dessus), mais deux seulement atteignirent le *Râteau*, qui n'eut qu'une petite voie d'eau et continua de combattre aussi vaillamment. Tous restèrent ainsi engagés pendant six longues heures, et ne se retirèrent, à la nuit tombante, qu'après avoir vidé leurs soutes à munitions. La crânerie du *Latouche* qui se tint tout l'après-midi à faible vitesse au beau milieu du détroit, exposé aux attaques des sous-marins en même temps qu'au tir des batteries ennemies, enthousiasma nos troupes, et exalta leur courage. » Comme couronnement de cette chaude journée, voici le télégramme que le **général Gouraud** adressait le soir même au vice-amiral Nicol, venu renforcer l'escadre française des Dardanelles et en prendre le commandement supérieur : « Vous prie remercier le *Latouche-Tréville* de l'aide qu'il nous a apportée aujourd'hui. Sa conduite, comme celle des torpilleurs et des chalutiers, a été admirée de tous. » Et nos marins trouvèrent qu'aucune récompense

ne valait semblable éloge, prononcé par un
tel chef.

XXX. — AUX DERNIERS LES BONS

Jusqu'à présent, aucun poète n'a trouvé
d'accents à la hauteur d'une guerre tellement
démesurée qu'elle semble avoir sidéré tous nos
chefs d'emploi. Car, pas plus que d'aède pour la
célébrer, elle n'a encore suscité ni l'homme d'État
ni le général capable de la diriger au lieu de la
subir. Mais, lorsque se sera enfin révélé le barde
attendu, un de ses chants les plus beaux sera
incontestablement celui qu'il ne manquera pas de
consacrer à ce sombre petit ravin de Kérévès-Déré,
nouveau Roncevaux où, à l'appel de l'olifant —
devenu télégraphe sans fil — on verra, en guise de
chevaliers bardés de fer, nos cuirassés, torpilleurs et
petits chalutiers affronter tous les monstres de
dessus et de dessous la mer, pour venir en aide à
un Roland qui s'appellera le général Gouraud.

Désormais, le rôle épique de la flotte est terminé,
en tant que soutien mouvant et agissant de l'armée
de terre, ce qui ne l'empêchera pas de continuer à
lui prêter la plus dévouée en même temps que la
plus utile des coopérations. « Jusqu'au bout, offi-

ciers et équipages se sont dépensés sans compter,
dans des situations presque toujours difficiles et
le plus souvent sous le feu de l'ennemi », comme
se plut à le reconnaître l'amiral Guépratte en prenant congé de sa « vieille » division. Et quand eut
lieu le rembarquement des troupes, masqué par le
feu des navires, les marins qui combattaient à terre
avec elles ne partirent qu'après avoir couvert leur
retraite. « On a donc évacué d'abord tous les services de l'arrière, à commencer par la poste, de
sorte que nous sommes restés quinze jours sans
lettres. Puis ç'a été le tour de l'infanterie, et,
comme par hasard, les mathurins sont restés les
derniers (lettre du matelot canonnier Lazare
Gimelli, de la batterie du cap Hellès). Jusqu'à la
dernière minute, on a tiré tant qu'on a pu, et, le
8 janvier, à minuit, on a fait sauter les pièces et les
munitions qui restaient. On est ensuite descendus
au pas de course vers la plage où deux embarcations nous attendaient, mais il a fallu se mettre à
l'eau pour embarquer. Nous avons alors filé à toute
vapeur jusqu'à un cargo qui nous a conduits à
Moudros, suivis par les coups de canon de la côte
d'Asie. Je vous assure que nous avons eu des
heures assez dures, mais je ne les regrette pas, car
j'espère qu'elles ont fait de moi un homme. »

Belle parole d'un simple matelot qui nous servira d'épilogue, parce qu'elle résume toute la guerre, et qu'il n'est pas un de nos admirables soldats ou marins qui ne puisse se l'appliquer, avec la même confiance en soi que dans les destinées de notre bien-aimée, immortelle et resplendissante Patrie (1) !

(1) En dehors de ceux que j'ai cités dans le cours du récit, j'ai fait, à certains de mes correspondants, de petits emprunts dont la source n'a pas été indiquée, afin de ne point interrompre la narration par trop souvent. Je me fais un devoir de les nommer ici, en les remerciant de leur précieuse collaboration. Ce sont, notamment : le second maître mécanicien H. Scarron, le matelot infirmier Sébastien, le mécanicien H. Michel, le second maître Bernardi (tous du *Suffren*); l'auteur anonyme du *Charlemagne-Journal*, l'officier marinier de la *Charrue*, le commissaire de 2e classe de Kernaflen de Kergos, le matelot Louis Joucla, le matelot canonnier Delorre, le deuxième maître de timonerie Le Maillot, le quartier-maître infirmier Yves Mendec, le matelot aide-canonnier Robert Courson, le quartier-maître canonnier Cornou (ces 7 derniers du *Latouche-Tréville*), l'enseigne de vaisseau Cyriaquo, le gabier Joseph Poiraud et le quartier-maître de manœuvre Guillaume Le Maillot (du *Jauréguiberry*) ainsi que l'aspirant L. Péhore, de la *Sabretache*.

COMME CEUX DU « VENGEUR »

I. — A BORD DU LÉON GAMBETTA

Les marins de la République
Montaient le vaisseau le Vengeur...

chante une vieille complainte qui rappelle un fait bien connu. Après une lutte désespérée contre trois ennemis d'échantillon pour le moins égal au sien, le *Vengeur* sombrait, pavillon haut, entraînant la partie de son équipage que les embarcations anglaises n'avaient pas eu le temps de recueillir — quand une immense clameur de « Vive la République ! » s'éleva de l'épave en train de disparaître. Geste sublime dont la légende s'empara aussitôt, et que la Convention voulut immortaliser en ordonnant qu'un modèle du glorieux vaisseau serait suspendu aux voûtes du Panthéon.

Eh bien, si l'ex-voto en question était encore là il y aurait lieu de lui donner un pendant, lequel représenterait le croiseur cuirassé le *Léon Gambetta*. **Torpillé** le 27 avril 1915, lui aussi a coulé aux cris

de « Vive la France ! » — cela revient au même —
poussés par les officiers qui allaient tous y rester
(au nombre de 32) et répétés par un équipage sur
le point de boire à la grande tasse. Car il semble
réservé à la troisième République de renouveler
les héroïsmes de la première. A la muette, par
exemple, et si complètement que, loin d'avoir
été mis en ballade, le fait du *Gambetta*, pourtant
assez rare, ne se trouve seulement pas mentionné
dans l'ordre du jour à l'armée navale du 15 juillet 1915, citant ceux du navire qui se distinguèrent
le plus particulièrement lors de sa perte. Oubli
heureusement réparable, et qu'il suffira sans doute
de signaler à l'attention de l'amiral Lacaze, l'irré-
prochable marin que le gouvernement a eu la
bonne inspiration d'appeler au ministère. Rien de
plus facile effectivement que de rétablir les circonstances ayant accompagné la catastrophe, en
interrogeant ses 137 survivants (sur 821 !). Or
c'est précisément ce que je viens de faire, et le
présent récit ne sera qu'un résumé de leurs dépositions, cordialement provoquées et reçues par un
ancien du métier. J'aurai d'ailleurs soin de pro-
duire mes principaux témoins. Aucun de l'état-
major, malheureusement, puisqu'il a péri tout
entier, à son éternel honneur. Mais d'admirables

officiers mariniers, quartiers-maîtres et matelots
ayant accompli leur devoir jusqu'au bout, même
quand le bateau chavirait si rondement qu'il fallait
se tenir à quatre pattes sur le pont, et qui ont
continué d'obéir aux ordres donnés malgré que leur
unique chance de ne pas être pris dessous fût de
se jeter à l'eau sans perdre un instant, munis d'une
bouée quelconque.

Et pour commencer par la fin, voici dans quels
termes un des survivants faisait part à sa femme de
ce qui venait de lui arriver :

« Real Nave Eritrea, 29 avril.
» En route de Santa Maria di Leuca pour Syracuse.

» Très chère bien-aimée estimée épouse et fille M.,
» Je me presse pour t'écrire ces quelques lignes
pour te dire que notre *Léon* est par le fond. Heureusement pour moi, j'ai pu être sauvé. Ce n'est qu'à
trois heures après-midi que j'ai été pris à bord d'un
torpilleur italien. J'étais à la mer depuis une heure
du matin, cela me faisait quatorze heures dans
l'eau, sur de vulgaires morceaux de bois, et au
moment que le torpilleur (est arrivé) et longtemps
avant, je me trouvais tout seul au milieu du grand
désert. J'ai vu tout l'équipage périr sous mes yeux.
Ici, à bord, nous sommes à 110, et sur un autre

bateau il y a encore 26 à 27, donc nous comptons au maximum 137 sauvés. Il n'y a aucun officier de sauvé. Mardi matin (27 avril), vers 6 heures, il y avait plus de 100 cadavres autour de moi et plusieurs vivants. Mais pour midi, il n'y en avait plus beaucoup et quelque temps après plus personne.

» Malgré cela, je ne perdais pas courage... Je me trouvais au poste de veille (lors du torpillage) et j'ai quitté le bateau un des derniers. En me laissant tomber à l'eau, je me suis fait du mal au pied gauche et à la cuisse, mais ce n'est pas grand' chose. Je crois que je suis le seul survivant de P... (son patelin breton). Il en a resté bien près de 700, c'est malheureux. Heureusement que j'ai la vie sauve. Je t'assure que j'avais fait des idées pendant quatorze heures dans l'eau. Les femmes (italiennes) pleuraient de nous voir arriver à terre. Quand je pense à la valeur que j'ai laissée dans mon armoire comme linge, j'avais aussi des économies et bien des choses achetées à Malte. Il est vrai que ceux qui sont morts ont aussi laissé les effets et la vie avec. Quelle chance j'ai eue de me sauver ! Aussi, je suis content. Malgré cela, je n'oublierai jamais. Au revoir, cher cœur, et pas de bile surtout avec moi. Un gros baiser à M... en

t'embrassant du fond du cœur qui t'aime et
t'aimera jusqu'à la mort. Je n'ai pas été loin cette
fois. Préviens les vieux et sœur A... Un peu plus
et il n'y avait plus de L... » — (Ici ses nom, pré-
noms et surnom.)

Lettre écrite au crayon, deux jours après l'accident, par un homme blessé, ahuri, épuisé, mais qui
ne « s'en faisait » tout de même pas, comme on
dit dans les tranchées.

II. — EN CROISIÈRE DANS LE CANAL D'OTRANTE

Rappelons que le drame s'est joué dans le canal
d'Otrante. Il y avait déjà huit mois que notre
armée navale bloquait l'Adriatique, avec charge
d'assurer le ravitaillement du Monténégro. Pénible
et ingrate croisière où elle demeurait exposée à
toutes les surprises, au point qu'on se demande
par suite de quel miraculeux hasard nous n'avons
à regretter la perte que d'un seul bâtiment. Remi-
sées au fond des rades inexpugnables de Pola et
de Cattaro, celles-ci archi-minées comme on pense,
les escadres autrichiennes se gardaient bien de
sortir au-devant de nous. Et ni la démonstration
du 16 août, durant laquelle fut détruit le *Zenta*,
ni aucune autre depuis, ne put les décider à un

combat que nous nous obstinions à leur offrir.

Mais, dès le 20 août, leurs torpilleurs d'abord, ensuite des sous-marins, se glissent jusqu'à l'ouvert de l'Adriatique, en suivant les étroits chenaux formés par les innombrables îles qui bordent la côte dalmate. Soutenus de loin par des croiseurs plus rapides qu'aucun des nôtres, et accompagnés d'avions, ils se livrent à des raids sur le littoral monténégrin, essayant par la même occasion de mettre à mal quelqu'une de nos grosses unités. A peu d'intervalle, le *Diderot*, le *Léon Gambetta*, le *Victor Hugo* et le *Jules Ferry* sont successivement attaqués et l'échappent de près. Le 2 septembre, pendant que nous canonnions les forts de Cattaro, le *Léon*, comme on l'appelait familièrement, se voyait de nouveau visé par un submersible que son artillerie obligeait à replonger plus vite qu'il ne s'était montré. Six semaines plus tard, en revenant d'Antivari, où nos divisions légères avaient escorté un transport chargé de vivres et de munitions, un sous-marin se mettait en position de torpiller le *Waldeck-Rousseau*, et le manquait en même temps que des aéros laissaient tomber des bombes alentour. Aventure qui se renouvellera chaque fois qu'il s'agira de correspondre avec les ports de nos alliés. Enfin, le

21 décembre, notre beau dreadnought tout neuf,
le *Jean Bart*, battant pavillon d'amiralissime,
recevait une torpille, heureusement pas dans un
endroit mortel. Et j'en passe. Ainsi qu'on le voit,
les avertissements n'avaient pas manqué.

A bord du *Gambetta*, tout le monde prévoyait
ce qui finit par arriver. Mais, chez nos marins, le
mépris du danger est comme une seconde nature,
telles ces cuirasses que les preux d'autrefois ne
quittaient plus, et qui devenaient d'autant plus
étincelantes qu'on les portait davantage. « Nous
avions rêvé de combats chevaleresques avec des
bâtiments de notre force. Au lieu de cela, le vide,
une lutte sournoise contre les mines et les sous-
marins. Avant-hier encore, nous avons aperçu un
de ces derniers, assez à temps pour nous éloigner
avant qu'il ait pu nous torpiller. Un jour, probablement, nous y resterons. Mais nous avons tous
sacrifié notre vie d'avance et nous ne sommes plus
troublés... Peut-être, quand mon bateau coulera,
aurai-je une angoisse atroce, insurmontable, mais
en ce moment, avec toute ma lucidité, sain de
corps et d'esprit, je pense à cette heure sans amer-
tume, le cœur en paix.... Je prie Dieu, non pas qu'il
m'épargne, mais qu'il me fasse fort au moment du
combat et à l'heure de la mort », écrivait le jeune

enseigne de vaisseau Lefèvre, fils du contre-amiral,
mon ancien. Et cette attente de l'immolation
suprême, il y revient de la manière la plus touchante dans des lettres à son frère, lieutenant de
chasseurs, où se décèle une nature d'élite, un de
ces tempéraments de martyrs à la façon du
saint Irénée qui s'en allait répétant partout : « Je
suis le froment du Christ, destiné à être broyé sous
la dent des bêtes féroces ». Car c'est toujours la
même note élevée que rendent les âmes en s'exal-
tant, leur enthousiasme soit-il religieux ou patriotique. Je ne résiste pas à la tentation de donner un
aperçu de cette correspondance, hélas ! si prématuré-
ment interrompue : « J'ai fait abandon de tout, et
cependant je sens au fond de la gorge une envie de te
revoir presque maladive. Que Dieu te protège, mon
chéri, et bénisse tes armes ! Au revoir, mon joli lieutenant. Caresse ton cheval pour moi. Je t'embrasse de
toute mon âme. Vive la France ! Vivent les chasseurs ! »
Oh ! les belles choses que fait éclore la guerre, à
côté de ses abominations ! Mais comme on comprend la douleur de ceux qui perdent de tels êtres !

Et impossible de nous en aller de là, sans quoi
la flotte autrichienne eût immédiatement rejoint
le *Gœben* à Constantinople et privé nos alliés
russes de la maîtrise qu'il leur faut absolument

conserver en mer Noire. Les bâtiments se ravitaillaient et charbonnaient à l'abri des îles Ioniennes, ou dans quelque baie de la côte grecque — alors amie — et tous les deux mois environ, chacun d'eux allait passer cinq ou six jours à Malte pour visiter les machines fourbues et donner un peu de détente aux équipages non moins surmenés. « Toujours en l'air, jamais de repos. Une besogne ingrate, qui ne paraît pas et qui manque d'intérêt. Ne jamais voir l'ennemi, quand on est en guerre, c'est une trop cruelle épreuve ! Aussi, malgré toutes les souffrances physiques et morales que nous y avons endurées, je ne puis me rappeler sans regrets mes souvenirs du siège de Tuyen-Quan (1), pendant que balles et obus sifflaient nuit et jour à mes oreilles, et que je me demandais si ce ne serait pas le lendemain que les Chinois me scieraient le cou. Il y avait là une ivresse toute particulière à se sentir vivre au milieu de cette tourmente, tandis qu'ici !... Santés toujours bonnes et moral de tous nos équipages excellent malgré le dur métier que

(1) L'amiral Sénès était alors enseigne de vaisseau et commandait la canonnière *Mitrailleuse*, qui contribua si efficacement à la fameuse défense de Tuyen-Quan, en empêchant les Pavillons-Noirs de franchir la rivière Claire. Digne collaborateur du commandant Dominé dans ce siège épique, il fut décoré pour sa belle conduite.

14

nous faisons, entrain toujours le même et regrets de notre inaction. » Lettre du contre-amiral Sénès, chef de la 2e division légère que menait le *Gambetta.* Cher et glorieux camarade, dont la mort couronnera magnifiquement la très brillante carrière maritime.

III. — LE TORPILLAGE

Nous arrivons au 26 avril, veille du jour fatal. La ligne de blocus, que la menace des sous-marins avait fait descendre le plus bas possible dans le Sud, vient d'être remontée sur la diagonale : cap Santa Maria di Leuca (talon de la botte italienne) — cap Ducato (Sud de l'île Leucade, d'où Sapho se précipita dans la mer). C'est pendant le débarquement en cours aux Dardanelles, pour empêcher une incursion, guère probable mais toujours possible, des Autrichiens par là. L'étendue de mer qu'il faut surveiller a été divisée en 4 secteurs d'environ 60 kilomètres, gardés chacun par un croiseur, et le *Gambetta* occupe le poste le plus voisin de l'Italie. Les gros temps de la mauvaise saison, pendant lesquels on a si durement bourlingué, ont fait place aux calmes et aux brumes du printemps. Le soleil a reparu, avec lui les oiseaux de passage. « Tous les jours, il s'en abat des douzaines sur les ponts, sur les vergues, partout. Ils entrent par les sabords ouverts, surtout le soir, et les marins leur donnent à manger. Chez nous, au carré, ils viennent voleter au-dessus de nos têtes, se posent sur les fils électriques, passent la nuit et s'en vont. Hier, j'ai attrapé un superbe ortolan que j'ai mis en cage. Il se battait contre les barreaux, et j'avais peur qu'il se blesse. Mais aujourd'hui il est plus calme et mange. — Enseigne de vaisseau Lefèvre. » Pauvre ortolan, qu'un destin peu commun allait faire descendre au fond des mers dans sa cage renversée ! Du moins avait-il l'avantage, sur ceux dont il partagera la tragique apothéose, de ne pas se douter de ce qui l'attendait.

A part ces petits visiteurs, rien en vue depuis le 25 au matin, où furent arraisonnés deux paquebots italiens se rendant à Brindisi. Mais tout le monde est joyeux, sur le *Léon*, parce qu'il est question d'aller prochainement subir d'importantes réparations à Toulon. Et à Toulon, suivant un refrain de matelots :

C'est là qu'y en aura, du vin dans les bidons !...

De 10 nœuds pendant le jour, la vitesse a été réduite à 6, vers le soir, afin d'économiser le charbon et reposer les machines. Cap au N.-E. La mer est plate, la lune presque pleine, il fait le plus beau temps que l'on puisse rêver. « Un clair de lune épatant », dira le quartier-maître J.-L. Luco. La bordée de service est aux postes de veille contre les torpilleurs et sous-marins, tourelles et pièces de 47 armées. Pour dégager le champ de tir, les embarcations ont été rentrées sur des chantiers, leurs bossoirs rabattus. Une seule baleinière de sauvetage à tribord. De quart sur la passerelle, les lieutenants de vaisseau Roussel et Faÿ (celui-ci pour le compte de l'amiral), et l'enseigne de vaisseau Colbrant. Le premier-maître canonnier Le Gall est de surveillance derrière. Aux machines, le mécanicien principal Launay. La plus grande attention a été recommandée, à cause de la masse du navire qui se détache en noir sur l'eau blanchissante, alors que de toutes petites coques sont au contraire « mangées » par lo miroitement de la mer. Mais on guette surtout les torpilleurs, les sous-marins ne s'étant encore risqués à attaquer que le jour.

Or, cette nuit-là, les Autrichiens se sont décidés à tenter l'aventure. Avertis par leurs espions que nous nous sommes rapprochés, ils veulent profiter d'une occasion qui ne se retrouvera jamais aussi favorable. Et, à minuit 40, sans que personne du *Gambetta* ait rien signalé de suspect — mais allez donc reconnaître un périscope la nuit, sous la lune, à plusieurs centaines de mètres ! — deux torpilles frappent le bâtiment par bâbord, à quelques secondes d'intervalle. La première, sous le compartiment des dynamos servant à l'éclairage électrique ainsi qu'à la T. S. F., ce qui plonge instantanément l'intérieur dans l'obscurité et coupe toute communication avec le reste du monde. La deuxième tombe un peu plus sur l'arrière, dans une chaufferie dont les chaudières sont crevées, d'où arrêt des machines. Mais le navire conserve de la vitesse acquise, ce que les marins appellent « de l'erre », et continuera d'avancer jusqu'à son chavirement, lequel se produira vingt ou vingt-cinq minutes plus tard, pas davantage. Le double coup a dû porter très bas au-dessous de la flottaison, parce qu'on n'a perçu aucune fumée, et comme bruit, à peine celui que fait une pièce de 164 en partant. Tel le crissement d'une lame de couteau sournoisement plantée entre les deux épaules. Et comme le sang qui gicle d'une artère tranchée, deux gerbes d'eau jaillissent à la hauteur des cheminées pour s'abattre en cascade sur le pont. La mâture fouette, les étais cassent partout, les antennes de la télégraphie sans fil tombent, la seconde des quatre cheminées se fend.

IV. — LES PREMIÈRES MINUTES TRAGIQUES

Sur la passerelle, le commandant André (capitaine de vaisseau) est sorti de la chambre de veille où il reposait tout habillé. C'est son heure à lui, maître à bord après Dieu, celle de montrer sa trempe, et elle va se révéler égale à l'épreuve : « A attendu la mort à son poste de commandement après avoir donné tous les ordres nécessaires au salut de l'équipage », dira la citation qui le concerne. Son premier mouvement est de se précipiter à bâbord avec les officiers de quart. S'ils pouvaient découvrir l'ennemi qui vient de les surprendre, et l'écraser d'abord ! Mais aussitôt ses torpilles au but, le sous-marin s'est hâté de plonger, et ne reparaîtra que pour compter les cadavres en insultant aux mourants, ainsi que nous le constaterons. Entre temps, le *Gambetta* commence à pencher lourdement, sous le poids de l'eau qui s'engouffre par les deux larges déchirures dans son flanc gauche, mouvement qui ira en s'accélérant jusqu'à la culbute finale. Le seul moyen de l'enrayer serait de remplir les réservoirs à lest

liquide (au ballast) de tribord, afin de rétablir
l'équilibre, et le commandant en donnait l'ordre
quand il fut prévenu qu'il ne fallait plus compter
sur les machines.

C'est à ce moment qu'arrive l'amiral, en chemise, suivi de M. Chédeville, un de ses aides de
camp. Ce sera d'ailleurs la tenue de presque tous
ceux qui, ne se trouvant pas de service, sautèrent
du lit et coururent au plus pressé sans perdre de
temps à se vêtir, surtout étant donné le terrible
bain en perspective. Dans son *Agonie de la « Sémillante »*, Daudet envoie le commandant se mettre
en grand costume pour mourir, ce qui fait évidemment très bien dans le paysage. Mais, comme le dit
si justement le capitaine XXX dans ses alertes
notes sur *Notre infanterie à Verdun* (1) — une des
choses les plus saisissantes et les mieux écrites qui
aient été publiées sur la guerre : « De loin, nos
grands écrivains donnent au pays une idée très
noble, mais très factice de ceux qui meurent pour
lui. » Parce que la vraie beauté d'un fait militaire,
ou maritime, ne ressort pas du plus ou moins de
circonstances dramatiques dont il s'entoure, mais
de la fermeté d'âme qui s'y est dépensée — la vic-

(1) *L'Illustration* du 13 mai 1915, page 448.

toire ne représentant, à tout bien prendre, que le triomphe de la volonté la plus inébranlable sur la moins forte. Au moment du danger suprême, ce sera de se précipiter à son poste de combat n'importe comme, de ne l'abandonner sous aucun prétexte, et d'y lutter jusqu'à la dernière extrémité contre l'ennemi quel qu'il soit, qui mettra un chef en posture avantageuse devant l'histoire, et non point sa mise. Ainsi en fut-il à bord de notre inoubliable *Léon Gambetta.*

A peine en haut, l'amiral, se rendant compte que la situation est désespérée, enjoint de faire le signal d'alarme S. O. S., mais M. Fay lui apprend que les appareils ne fonctionnent plus. Donc, aucun secours à espérer de nulle part, et qui sait si on aura le temps d'organiser le sauvetage du personnel ? En tout cas, pas une minute à perdre. « Aux embarcations ! » ordonne le commandant. Et l'amiral ajoute : « Du calme, mes enfants ! Les embarcations sont pour vous. Nous AUTRES, NOUS RESTONS. » Paroles qui, tenues comme elles le furent (2), mériteraient d'être gravées en lettres

(2) Dernièrement encore (nuit du 28 au 29 décembre 1915), le lieutenant de vaisseau Morillot, commandant le sous-marin *Monge*, a donné un nouvel exemple de cette fidélité du devoir spécial qui incombe aux chefs à la mer. Ayant

d'or sur les passerelles de tous nos bâtiments de guerre, avec le nom de celui qui les a prononcées.

En bas, dans les compartiments éventrés, tout le monde a dû être tué sur le coup, personne n'en étant remonté. La fin de ceux-là, mécaniciens, chauffeurs et soutiers, fut peut-être la plus douce, certainement la plus prompte. Assommés ou asphyxiés avant de savoir ce qui les menaçait, ils se trouvèrent de suite couchés dans le gigantesque cercueil d'acier sous lequel ils allaient reposer par huit cents mètres de profondeur. Honneur à eux ! pour qui le poète semble avoir écrit ces beaux vers :

La mer ! A moi la mer et sans fond et sans rive,
La mer, vaste pâture aux cœurs audacieux.
La mer qui dans ses bras tient la terre captive
Et mêle son abîme à l'abîme des cieux.

O mer ! Je ne veux pas d'un autre cimetière.
Quand la mouette aura crié sur mon trépas,
Quand les plis de tes flots m'auront fait un suaire,
Sur tes bords détestés ne me rejette pas.

été éperonné par un destroyer ennemi, il veilla au salut de ses hommes, puis referma farouchement le capot du kiosque sur lui, pour s'ensevelir avec son bâtiment.

La terre à mon sommeil serait dure et pénible ;
Jalouse de garder les restes d'un amant,
Ne cède qu'à l'appel de la trompe terrible.
Et ne me rends qu'au jour du dernier jugement.

JEAN REBOUL.

Partout ailleurs, les hommes ont été réveillés en sursaut, beaucoup même précipités de leurs hamacs. Ce qu'il y a ? On ne le devine que trop. Attrape à grimper sur le pont, et en vitesse ! Seulement, rien moins que facile de se diriger à tâtons vers les échelles. On a beau connaître à peu près leur emplacement, le chemin est encombré d'obstacles que l'obscurité rend infranchissables : grosses manches à air dont on fait plusieurs fois le tour sans s'en apercevoir, tuyaux dans lesquels on s'empêtre, bailles qui roulent par terre avec vous, cornières tranchantes, boucles funestes aux pieds nus, panneaux grands ouverts devant des gens qui n'y voient goutte, sans compter les glissades occasionnées par la gîte que prend le navire. La réalisation soudaine et vécue d'un de ces affreux cauchemars où les jambes vous manquent pour fuir l'ennemi dont vous sentez déjà l'haleine sur votre cou. Aucune panique, néanmoins, les rescapés sont unanimes à le déclarer. On crie :

« Lumière ! Lumière ! » voilà tout. Mais des vapeurs d'éther provenant de l'explosion du coton-poudre se répandent, en même temps que monte une rumeur sourde, inquiétante, produite par le travail de démolition qui s'accomplit en dessous. Des craquements sinistres se font entendre, auxquels répondent les jurons arrachés par la violence des heurts, les appels des égarés, le hurlement de ceux qui dévalent en abord et vont s'écraser contre la muraille. Car l'inclinaison augmente, et vite. On a de plus en plus hâte de sortir de là-dedans, et les cris de : « Lumière ! Lumière ! » deviennent plus pressants.

A l'hôpital du bord, il y a quatre malades couchés, dont l'un avec une fracture de jambe. Comme ce serait mal connaître nos marins que de les supposer un seul instant capables d'avoir oublié leurs camarades en détresse ! Accompagné de deux de ses aides, le quartier-maître Mongabure et le matelot Yves Le Moal, le premier maître infirmier Tulard va les prendre, et, contre toute vraisemblance, réussit à les hisser sur le pont où il ne les quitte qu'après les avoir placés dans une embarcation. « Ce devoir accompli, ajoute-t-il, nous nous séparâmes, chacun cherchant sa petite planche de salut », — pour en finir avec ces trois modestes héros dont maître Tulard est malheureusement l'unique survivant. Mais dépêchons-nous de redescendre dans les faux ponts, où trois à quatre cents hommes demi-nus cherchent des issues avec l'angoisse de ne pas en trouver, et crient de plus en plus fort : « Lumière ! Lumière ! »

V. — ... DES ÉTOILES QUI MONTRENT LE CHEMIN DU DEVOIR...

En voici enfin. D'abord quelques allumettes que font craquer les officiers mariniers sortant de chez eux. Puis, à l'arrière, se montrent les officiers non de quart, porteurs de lampes électriques de poche : bons bergers qui vont rassurer et guider le troupeau désorienté. Ils viennent également de leurs chambres, près desquelles se trouvent des escaliers qui leur sont réservés, par où gagner facilement les étages supérieurs. Mais, au lieu de les prendre, ils se sont précipités au-devant des matelots : « Du courage, leur disent-ils, c'est pour la France ! » Seul mot dont la magie puisse opérer dans un pareil moment. Aussi calmes que s'il s'agissait de se rendre à l'inspection, ils aident les maladroits, ramènent les égarés, tout en allant se placer au pied des montées praticables, afin d'éclairer et d'organiser l'exode. Penché vers les bas-fonds, l'enseigne de vaisseau Amet va appeler les gabiers emprisonnés dans le compartiment de la barre et leur fait lumière pour qu'ils puissent sortir de leur trou noir. Encore un de ces jeunes officiers hantés par la nostalgie du sacrifice ! Alors qu'il n'était nullement question pour lui d'entrer dans la Marine, sa vocation se révéla à la suite de l'épouvantable accident survenu au sous-marin le *Pluviôse*, descendu et resté au fond de l'eau avec son équipage dedans. « C'est la mort que je souhaite », dit-il à son père (le contre-amiral Amet qui commandait récemment les canonniers marins ayant fait si excellente besogne sur les Hauts de Meuse). Plus tard, en apprenant la disparition de son camarade Comberousse, enseigne de vaisseau enseveli avec le *Bouvet*, il écrivait aux siens : « Ne pleurez pas s'il m'en arrive autant. La mer est la vraie tombe du marin. Que de héros elle renferme, que de braves gens on y retrouve ! » Un peu plus loin, nous aurons le triste spectacle de le voir allant augmenter leur nombre. En attendant, sans désordre ni bousculade, endigué par les gradés et les officiers qui fermaient la marche, le flot humain finissait par déboucher sur le pont.

« Aux embarcations ! » répète le commandant,

tandis que le classique cortège formé par le second
(capitaine de frégate Dauch), l'enseigne de détail
Seren et le capitaine d'armes Grall circule à travers
les arrivants et veille à ce que chacun se rende
devant l'embarcation dans laquelle il doit prendre
place après l'avoir poussée dehors. « Je me dirige
vers la plage avant où se trouvent et mon poste de
combat (tourelle de 164) et mon poste d'évacuation (plate du maître charpentier) — raconte le
quartier-maître Pierre Favre. Sur la plage s'échap-
pait une grande quantité de gaz suffocants qui
semblaient provenir des manches de ventilation
et rendaient l'air irrespirable. Alors j'ai été sur le
pont bâbord, au canot-major, et avec plusieurs
camarades, secondés par le premier-maître canonnier Lespagnol, nous l'avons dessaisi et poussé sur
les bossoirs (ceux-ci couchés, qu'il faut remettre
en place pour soulever l'embarcation au moyen
de palans et la conduire ensuite à la mer). Le
second-maître de manœuvre Conan, ainsi que
d'autres, tentent de les mâter (les bossoirs). »
Mais voyant que l'inclinaison du bâtiment rend la
manœuvre impossible, Favre se précautionne à
tout hasard de deux cales de youyou. En prévision
du pire, il est d'ailleurs recommandé aux hommes
de lancer à la mer tous les morceaux de bois qui

leur tombent sous la main, avirons, barres de
cabestan, marchepieds, mâts d'embarcations, caille-
botis, espars quelconques, et de se pourvoir de
bouées de sauvetage. Partout on brusque le mouvement, que mènent les officiers avec leurs petites
lampes, et celles-ci, dans leurs évolutions sur le
pont, ressemblent à un essaim de lucioles, ces
mouches luisantes qui sont un des enchantements
des soirées tropicales. Car on a de ces réminiscences,
dans les moments les plus tragiques.

Mais la bande dépasse maintenant 30 degrés. Le
mât arrière se brise en deux, l'eau n'est plus qu'à
un mètre du plat-bord. Aucune embarcation ne
pourra être amenée si on ne parvient pas à retrouver, ne fût-ce que momentanément, l'aplomb
nécessaire à la jouée des bossoirs.

« Tout le monde à tribord pour redresser le
navire ! » prononce alors le commandant. « Tout
le monde à tribord ! » répètent impérieusement les
officiers, dont les petits luminaires deviennent des
étoiles qui montrent le chemin du devoir.

Et la force de la discipline est telle que les matelots lâchent tous les préparatifs de sauvetage
pour obéir. Les braves gens ! Ils savent pourtant
que si la tentative ne réussit pas, comme c'est
malheureusement trop probable, c'est une chance

de plus pour capoter avec le navire, alors qu'en se
laissant tout de suite glisser dans l'eau, on aurait
encore le temps de se garer du danger le plus prochain. N'importe ! A la voix des chefs, l'équipage
s'est mis sur les mains et les genoux pour escalader
le talus escarpé et glissant que représente le pont
du navire à demi renversé. Parvenus à la rambarde
extérieure, les hommes s'y accrochent et attendent,
anxieux. La quarantaine de tonnes ainsi brusquement déplacée produit un effet appréciable. Il
semble que le vaillant navire a compris ce qu'on lui
demande, qu'il va se relever. Quelques secondes
d'espoir... puis, tel un cheval blessé qui, sous
l'éperon, essaie de se remettre debout et que ses
forces achèvent de trahir, le *Léon Gambetta*
reprend son mouvement de chute en l'accélérant
encore. Plus rien à faire : ... à-Dieu-vat ! comme
on disait autrefois. Et, d'une voix brisée par la
douleur, d'une voix qui prie maintenant plutôt
qu'elle n'ordonne, le commandant lâche enfin la
formule d'abandon : « Sauvez-vous, mes enfants !
Sauvez-vous comme vous pourrez... »

VI. — A L'EAU

Se sauver, mais comment? Ceux qui savent nager n'hésitent pas, ils vont tout droit à la mer afin de ne pas être entraînés par le remous quand le bateau va couler. Les autres, et c'est le plus grand nombre, ne peuvent pas se décider à faire le saut, même avec un morceau de bois. Que deviendront-ils, une fois dans l'eau? Ceux-là, les officiers les ramènent aux embarcations. Avec la gîte qui augmente toujours, on parviendra peut-être à en lancer quelqu'une par-dessus le bord, sans le secours des bossoirs. C'est une dernière chance à tenter. Autour des chantiers, ce sont alors des scènes confuses et poignantes, rapides surtout, qu'un cinéma seul aurait pu enregistrer et reproduire. Entraîné par son poids, la chaloupe roule contre une cheminée, tuant ou blessant quantité de monde. « Courage! nous mourrons tous ensemble! » disent MM. Lefèvre et Colbrant. Un peu plus loin, la vedette du commandant bascule en heurtant un panneau, y laisse sa chaudière, et va s'aplatir le long d'une tourelle. Trop brusquement dépêché, un youyou crève et chavire. La baleinière de sauvetage prend la cale et se démolit sur la cuirasse en

15

écrasant une vingtaine de marins qui comptaient l'enjamber au passage. Une autre tombe de côté et remplit. Et ceux qui assistaient à tout cela se voyaient bien irrémédiablement perdus, mais n'en gardaient pas moins fière contenance. A l'enseigne Wachowski et au lieutenant Ballande qui leur disaient : « N'ayez pas peur, mes enfants ! » ils répondent : « On n'a pas peur, capitaine ! »

A quoi on ne saurait non plus rendre assez hommage, c'est au sang-froid et à l'abnégation des officiers, dont pas un ne pensera à soi tant que le bateau flottera et qu'il y restera un seul matelot. Étant tombé, M. Ballande se relève en s'écriant : « Sacrebleu ! qu'est-ce que j'ai donc à glisser de la sorte ? » comme s'il ne savait pas que c'était la propre main de la Mort qui le poussait, et conseille aux hommes de se jeter à l'eau, tandis que lui-même va rejoindre son amiral sur la passerelle. Il y retrouvera MM. Puech, de Lesparda et Boisson qui, devant l'imminence du dénouement, ont eux aussi regagné cette sorte de haut lieu d'où s'exerce le commandement. En chemise sur le spardeck, le capitaine de frégate Héraud, chef d'état-major, dirige le lancement de la vedette de l'amiral. L'enseigne Jaillard et l'élève-commissaire Bunoust causent tranquillement, près de la tourelle tribord

arrière. Sur le pont, le commissaire principal
Deligny, les genoux déjà dans l'eau, allume froide-
ment une cigarette et dit à ceux qui perdent la
tête : « Vous voyez, ce n'est pas plus dur que ça. »
Mot d'un stoïcisme antique, auquel ajoute encore le
geste de la cigarette. MM. Chédeville, Dubois (lieutenants), Seren, Amet (enseignes), se prodiguaient
ailleurs. Quant aux autres, il m'a été impossible
de savoir exactement où et à quoi ils se dévouaient,
aucun de ceux qui auraient pu me l'apprendre n'en
étant revenu, mais il est à peu près certain qu'ils se
trouvaient sur le pont. Sans les désigner par leurs
noms — à ce moment l'attention était ailleurs —
tous les témoignages exaltent leur sérénité ainsi
que leur généreux dévouement. « Nos officiers se
sont constamment refusés à quitter le bord,
disant que leur devoir était d'y demeurer tant que
l'équipage ne l'aurait pas entièrement évacué »,
est une phrase qui revient chez quantité de mes
correspondants. Oui, tous étaient là, donnant le
plus magnifique exemple, car tous avaient pu
gagner les hauts, à la seule exception de l'aumônier, M. l'abbé Julien. L'infortuné dut se trouver
bloqué dans sa chambre, soit qu'il y ait passé directement du sommeil du juste à l'éternité, soit plutôt
que, ne voulant pas, à cause de son caractère, se

montrer vêtu d'une façon plus que sommaire, il ait trop attendu pour en sortir. De sorte que, non seulement il ne parut pas au dernier moment, comme celui de la *Sémillante*, en étole, pour réciter la prière des agonisants, mais personne ne l'a vu nulle part ni à aucun instant. Sa mort aura été aussi discrète que son ministère.

Un certain nombre d'hommes sont cependant parvenus à dégager le canot 2, qu'ils font basculer par-dessus la rambarde de bâbord. L'eau est maintenant à toucher, et il y arrive assez heureusement pour flotter, bien que percé en trois endroits. On s'imagine la bousculade pour monter dedans ! « Tout d'un coup, j'aperçois le canot à la mer et je n'hésite pas, je me lance tout habillé et je rattrape le canot. Il y avait déjà une quarantaine de personnes, et beaucoup qui essayaient d'embarquer » — dit le quartier-maître Galloudec. Faite pour porter une cinquantaine d'hommes, l'embarcation en reçut 108 qui finirent par s'y tasser. « Je me trouvai le dernier à monter dans le canot où je ne pus trouver place qu'au bout d'une heure qu'il me fallut suivre à la remorque », raconte le quartier-maître Cado. Remplie à couler bas et faisant de l'eau comme un panier, mais par bonheur garnie de six avirons et d'un seau, la barque dut s'éloigner

dare-dare, afin de ne pas être envahie par plus de
gens qu'elle ne pouvait en contenir, ce qui eût
infailliblement amené la perte des premiers occu-
pants sans le moindre avantage pour les retarda-
taires.

VII. — « VIVE LA FRANCE ! »

Un premier cri de « Vive la France ! » part alors
de la passerelle, cri que tout le monde reprend par
trois fois, ceux encore sur le pont comme ceux
déjà dans l'eau. Adieu des uns aux autres, en même
temps qu'hommage suprême à la Patrie pour laquelle on va mourir. Car le moment en est venu.
Le *Gambetta* commence à piquer fortement du nez,
tout en achevant de se retourner sens dessus
dessous, et le sauve-qui-peut devient général, —
officiers toujours exceptés, bien entendu. Choses
et hommes bousculent, sautent ou sont précipités
à la mer où se déroulent des drames affreux,
ponctués d'appels déchirants, de râles et de plaintes
cruelles, dernier acte sur lequel il vaut mieux ne pas
insister. Si grande qu'elle puisse être par sa leçon,
ou belle en tant que sacrifice à un idéal, la mort n'en
reste pas moins aussi déconcertante que hideuse
à surprendre dans son œuvre de destruction. « La

débâcle le long du bord fut atroce... Pour ma part, je reçus une baleinière sur la tête. Après, le hasard voulut que je trouvai un mât d'embarcation auquel je m'accrochai. En faisant des mouvements de jambes, je m'éloignai du navire. Je ne tardai pas à avoir des compagnons de misère. Ils vinrent cinq s'ajouter à mon épave. » Lettre du quartier-maître Le Mudès, que nous retrouverons ci-dessous.

Auparavant, donnons un dernier regard au croiseur qui va sombrer. Quand le taureau a reçu l'estocade, il s'agenouille, renifle le sol avec inquiétude, et se laisse ensuite tomber sur le flanc. De même le navire, sauf que c'est la mer dont sa proue fouille la poussière bruissante, et que pour trouver le repos final, il lui faudra traverser toute l'épaisseur des eaux en roulant plusieurs fois sur lui-même. Au fur et à mesure que s'enfonce le côté bâbord, émergent cuirasse, coque et quilles latérales de tribord, où l'on voit courir les attardés et parmi ceux-ci des officiers dont les lampes, disséminées sur le dôme de la carène, dessinent un commencement d'auréole au vaisseau agonisant. Un peu avant que la passerelle ne s'enfonce complètement sous l'eau, on a vu M. Chédeville passer par surprise une bouée-couronne autour de l'amiral, qui tenait serrée la main du commandant André. Celui-ci n'avait même pas voulu se déshabiller, tellement il était résolu à se laisser couler avec son bateau. On ne devait plus les revoir, ni l'un ni l'autre, et le corps de l'amiral fut seul retrouvé. A côté d'eux se trouvaient MM. Fay, Ballande, de Lesparda, Roussel, Puech, Boisson — je ne sais que ceux-là — et, à part M. Fay, ce fut également la dernière fois qu'on les aperçut vivants.

Enfin, une vingtaine de minutes après son torpillage, le *Gambetta* avait achevé le tour complet et s'abîmait par l'avant, la mâture pointant vers le fond, la quille et les trois hélices dressées en l'air. Identiquement comme le *Bouvet*. Au même instant, un nouveau cri de « Vive la France ! » jaillit spontanément de la poitrine de tous ceux qui, bien qu'aux prises avec la mer homicide et la mort déjà dans la gorge, ne pouvaient, sans un sursaut d'émotion, la voir engloutir ce que le marin a de plus cher au monde après le pays qui l'a vu naître, son bateau ! Le premier maître Grall entonna ensuite le chant des Girondins, *Mourir pour la Patrie...* Un des derniers à se décider, ce vaillant officier marinier venait de se jeter à l'eau tout habillé. « Au bout de dix minutes, j'ai trouvé un aviron, écrit-il (mais sans dire un mot de son couplet, ce sont les autres qui l'ont raconté). J'ai trouvé le matelot Tutin, il se tenait sur un aviron. (Il était évanoui et maître Grall ne se vante pas non plus de l'avoir ranimé.) Nous nous sommes tenus, les bras passés sous les avirons, jusqu'au moment où nous avons trouvé une planche, ensuite un mât de youyou. Un morceau de pain qui flottait a servi pour nous soutenir après l'avoir serré entre nos mains. J'avais du tabac dans la poche de mon veston, qui a servi à nous faire des chiques qui nous donnèrent un peu de forces. Après la disparition du bâtiment, j'ai vu à l'eau, sur l'arrière, le mécanicien principal Launay qui avait une bouée-couronne et M. le médecin Guilguet qui était en chemise et nageait. M. l'enseigne Liasse se tenait sur un gouvernail d'embarcation. »

VIII. — HEURES MORTELLES

La vedette de l'amiral, qui se trouvait dessaisie, flotta quand la mer l'atteignit. Ce fut la seule. Mais, ne contenant ni avirons, ni rien pour la manœuvrer, elle ne représentait qu'une énorme bouée, sur laquelle on pouvait monter, et qui devint aussitôt le refuge des plus mauvais nageurs. Les bons s'en écartaient, au contraire, prévoyant que, surchargée, elle ne tarderait pas à aller au fond. Accident qui se produisit au bout d'une demi-heure, avec les conséquences que l'on devine. Pendant qu'elle était encore à flot, le capitaine de frégate Héraud vint s'y appuyer un instant. Puis, le lieutenant Fay passa tout contre. On lui offrit une place, qu'il refusa, disant qu'il cherchait M. Amet. Dévouement rare, qu'expliquent les qualités exceptionnelles du jeune officier. Et pour l'instant, nous laisserons M. Fay poursuivre ses recherches à la nage, parmi les débris, humains ou autres, dont la mer est couverte, et à l'unique clarté de la lune, toutes les petites lampes étant désormais éteintes.

Pendant que le *Gambetta* filait obliquement sous l'eau, l'enseigne Lefèvre et le quartier-maître Galès se tenaient sur une des quilles de bâbord, ayant par conséquent fait tout le tour de la partie habituellement immergée du navire. Une seconde de plus et ils partaient avec. « Je crois que c'est le moment », dit M. Lefèvre, et tous deux de plonger. Revenu à la surface, Galès rencontre un espar et, au bout d'une minute, entend appeler : « Papa ! Maman ! » C'était l'enseigne qui barbotait, le pauvre enfant, à moitié asphyxié. Galès fut le prendre et le ramena sur son madrier tout de suite envahi par une douzaine d'hommes, dont le second-maître Audic, noyé une heure plus tard. Et, voyant l'officier qui restait la tête inclinée, sans donner signe de vie, Galès dit à maître Audic de le secouer, mais rien n'y fit ; il était déjà mort, frappé de congestion, sans doute. Alors, comme l'espar roulait, que le corps pesait et que la fatigue venait, Galès le lâcha, et il coula... Et si je m'attache ainsi au sort de ces deux jeunes enseignes, MM. Lefèvre et Amet, c'est moins parce qu'ils sont fils de cama-rades à moi, ou parce que tous mes répondants les désignent parmi les officiers dont la belle attitude les a frappés davantage, que comme représentant si bien, dans le milieu maritime, la jeune France que la guerre nous a révélée, cette génération ardente qui vaudra, je crois, mieux que la nôtre, et chez laquelle l'héroïsme est monnaie courante.

Vers 2 heures du matin, près de deux cents hommes surnageaient encore, pourvus de flotteurs ramassés au petit bonheur. Mais, l'épuisement et la congestion vont très vite réduire leur nombre. «Avec une quinzaine d'autres, dit le quartier-maître de manœuvre Coatmeur, j'ai pu m'accrocher à un mât de chaloupe. Malheureusement il tournait sur

lui-même et faisait lâcher prise aux moins résis-
tants. A partir de 9 heures du matin, nous n'étions
plus que deux. J'ai réussi à ce moment-là à relier
une planche et deux avirons au mât ; et j'ai pu
placer mon camarade dessus. Mais il avait dû perdre
la raison, car il remuait beaucoup, voyant conti-
nuellement arriver des cargos. Vers 11 heures, ses
forces l'abandonnèrent et il disparut. Il faisait
calme plat. Les survivants étaient disséminés loin
de moi. Vers 2 h. 30 de l'après-midi, j'ai vu venir
deux torpilleurs (italiens) qui nous ont repêchés.
Sur le torpilleur n° 36, commandant Viale, nous
nous sommes trouvés 14. On nous a conduits à
Brindisi après nous avoir habillés et réconfortés... »

Sur l'épave où nous avons laissé le quartier-
maître Le Mudès et ses cinq compagnons de misère,
comme il les appelle, était venu ensuite prendre
place l'enseigne Colbrant. « Voyant que notre
morceau de bois était trop léger pour nous soutenir, je demandai aux autres de faire quelques
mouvements pour gagner des points noirs que le
courant ramenait vers nous. C'étaient deux avirons
qui vinrent renforcer notre radeau. De ce fait, nous
étions beaucoup mieux. Hélas ! nous eûmes à
déplorer de bonne heure la perte de notre lieutenant.
J'intervenais par moments, quand je le voyais

faiblir. « Courage, lieutenant ! » lui disais-je. Aucune
réponse. Ses yeux sortaient horriblement des
orbites, la congestion avait fait son œuvre. Je
recueillis ses dernières paroles qui furent : « Oh !
ma mère ! ma mère ! » — partout et toujours le
premier comme le dernier recours de l'homme !
Restés à cinq, notre situation était assez critique,
car l'équilibre n'existait plus. A chaque mouvement, on faisait un tour complet avec l'épave. Ce
mouvement de rotation fatigua très vite mes camarades, si bien que, l'un après l'autre, ils s'épui-
saient et disparaissaient sous les flots. Le dernier,
qui fut très tenace, me quitta vers onze heures du
matin, que j'évaluai. Par conséquent je restai seul,
très abattu. A peu de distance, il y avait une autre
épave sur laquelle se trouvaient quatre hommes.
Je la joignis en remorquant la mienne, et nous
réussîmes à faire un radeau plus solide. Nous
n'avions plus de l'eau que jusqu'aux genoux. Je
retrouvai quelque force parmi ces êtres si chers.
La pause avec eux dura environ deux heures,
quand nous vîmes des torpilleurs foncer sur nous.
Des cris de joie les accueillirent, surtout à la vue
des pavillons italiens. Tout le réconfort nous fut
donné après ce bain de treize heures. Je tiens à
rappeler que le sous-marin autrichien est resté sur

les lieux du sinistre très longtemps dans la matinée. » Sa présence est également signalée par
plusieurs, entre lesquels maître Grall qui dit : « Je
l'ai vu un instant après la disparition du croiseur,
son kiosque à moitié hors de l'eau. Nous l'avons
revu vers les 7 heures et à 2 heures, au moment
où sont arrivés les torpilleurs italiens. » Le quartier-maître Bail a très nettement reconnu son
périscope circulant au milieu des cadavres. Si celui-
ci qui avait fait le coup (l'*U-5*) demeurait là,
c'était évidemment pour le cas où quelqu'un de nos
bâtiments serait venu au secours, afin de le torpiller si possible. Mais, quand il eut constaté que
personne ne se montrait, rien ne l'empêchait de
sauver au moins un certain nombre de ses victimes. Il fallait être Boche d'origine et de menta-
lité, comme son commandant, le lieutenant von
Trapp — tout à fait le nom de l'emploi, n'est-ce
pas ? — pour manquer aussi indignement aux
devoirs de l'humanité la plus élémentaire.

IX. — LE LENDEMAIN MATIN

Ce serait à peu près la même histoire que nous
raconterait chacun des 27 qui eurent la chance
de survivre à ces heures mortelles. La chance, ou

plutôt la force de tempérament, car il est incontestable que ces 27 *rari nantes* représentent l'effet de la sélection naturelle sous sa forme la plus brutale, quelque chose comme ce que l'on trouve au fond du creuset quand ce qu'il contenait a été soumis à la température de fusion. Des Bretons, en majorité, qui sont bien certainement ce qu'il y a de meilleur et de plus solide dans la Marine. Mais pas un officier, nous l'avons déjà signalé. A 6 heures du matin, maître Tulard rencontra le médecin de première classe Guilguet qui lui dit : « Je n'en puis plus, je me noie ! » L'officier marinier lui fit passer un morceau de bois, accompagné de paroles encourageantes. Inutilement du reste, car il disparut presque aussitôt. Le dernier de l'état-major à succomber fut l'enseigne Bourgine, vers les 11 heures du matin. En laissant de côté ceux qui ont volontairement coulé avec le navire, la disparition plus prompte des officiers doit être attribuée à ce que, chez eux, la résistance physique était moins grande que le caractère, tant est vrai le dicton que la lame use le fourreau. De sorte qu'après avoir été encouragés et dirigés par leurs chefs au moment de la grande baroufle, ce furent ensuite les hommes de l'équipage qui les soutinrent et les assistèrent : touchante solidarité, de tradi-

tion constante dans la Marine, et si bien française !

Il y a pourtant un dernier témoin que je voudrais
faire comparaître ici. C'est le premier maître canonnier Jean Le Gall, qu'un officier d'ordonnance
me présentait l'autre jour au ministère. Celui-là,
rien qu'à le regarder, on comprend qu'il soit
revenu de si loin. Visiblement taillé dans le même
granit que les personnages du calvaire de Plou-
gastel-Daoulas, son pays, il a des yeux clairs qui,
comme la mer, ne conservent aucun reflet des
bourrasques essuyées. Cédons-lui la parole : « Je suis
resté à bord jusqu'au moment où, entendant le
bruit des munitions qui roulaient dans les soutes, je
pensai que tout allait sauter. Alors, je me laissai
glisser le long de la coque et trouvai deux marchepieds pour me soutenir. La houle m'emportait vers
le Nord. A une centaine de mètres, je me retournai
pour voir le bateau encore une fois, et il a disparu
sous mes yeux, la quille en l'air, avec les officiers
dessus... Dans l'eau, tout le monde criait : « Ma
famille ! Mes pauvres parents ! Adieu ! » Mais moi,
je me gardais de rien dire, afin de ne pas m'épuiser
inutilement. Vers 2 heures du matin, je rencontrai
un banc de cadavres qu'il me fallut repousser à
coups de pied. Puis, arrive en dérivant un homme

dans une bouée-couronne et un autre, à côté, sur un morceau de bois. C'étaient MM. Fay et Amet (qui s'étaient retrouvés). Ne les ayant pas encore reconnus, je dis : « Qui est là ? » M. Fay demande à M. Amet : « Qui est celui-là ? » Et M. Amet répond : « C'est maître Le Gall. » Je leur dis que je trouvais drôle de ne voir aucun navire de passage, et tous deux me répondirent : oui, surtout dans des parages aussi fréquentés. Après quoi, ils causèrent entre eux. C'est tout ce que je puis dire, parce que, des officiers causant entre eux, je n'avais rien à voir dans leurs paroles. Vers 3 heures, ce fut le coucher de la lune et, avec le matin, il se fit un grand refroidissement qui hâta la fin de plusieurs. M. Amet est mort très peu de temps après. Il a dit à M. Fay : « Je n'en puis plus ! Adieu, capitaine ! » Et M. Fay lui a répondu : « Adieu, Amet. » Ensuite M. Amet me dit : « Adieu, maître Le Gall. » Et je lui réponds : « Adieu, lieutenant. » Et, en quelques secondes, il avait cessé de vivre. Ensuite nous nous éloignâmes de lui, mais bientôt après M. Fay manquait à son tour. (Qu'il me soit permis d'ajouter en passant que M. Fay avait cinq frères sur le front et trois sœurs religieuses au chevet de nos blessés.) A 10 heures, il se trouvait encore une centaine de vivants, mais la chaleur du soleil précipita les congestions. J'eus la chance de trouver une casquette (celle de M. Ballande) que je mis pour éviter l'insolation. Enfin, à 3 heures, j'étais repêché par le contre-torpilleur *Indomito* qui nous conduisit à Santa Maria di Leuca. Le chef du sémaphore nous a accueillis comme des frères, se dépouillant de tous ses vêtements pour nous les donner, et ses matelots l'ont imité. Jamais nous ne pourrons être assez reconnaissants de ce qu'ils ont fait pour nous. »

X. — LES SAUVETEURS

Il ne nous reste plus qu'à expliquer l'arrivée des torpilleurs. Le canot que nous avons vu s'éloigner avec 108 hommes avait mis le cap sur le phare de Santa Maria di Leuca, qu'il lui fallait huit heures pour atteindre. « Dieu nous a évidemment protégés, écrivait un de ses passagers. Je crois cependant que c'est le hasard qui nous a fait trouver l'embarcation pour nous sauver, moi et mes camarades » — à quoi il aurait pu ajouter : ainsi que, dedans, les six avirons et le seau pour vider l'eau, sans lesquels aucun d'eux ne serait jamais arrivé à terre. Admirablement reçus par les gardiens, les **naufragés** leur firent comprendre ce qui venait de

16

se passer, et la nouvelle en fut immédiatement téléphonée à Brindisi ainsi qu'à Tarente. Du premier port s'élancèrent les torpilleurs *33* et *36*, tandis que les destroyers *Impavido* et *Indomito* appareillaient du second, sous le commandement supérieur du capitaine de frégate Orsini. Nous savons déjà comment ils recueillirent et secoururent les survivants ; 58 cadavres, dont 12 officiers, parmi lesquels l'amiral Sénès dans sa bouée-couronne, furent également relevés par eux et pieusement enterrés le lendemain dans le petit cimetière de Castrignano, commune dont dépend la station de Santa Maria di Leuca.

Mais nos bâtiments en croisière ne se doutaient encore de rien. Ne recevant aucun message de leur chef de division, ils supposaient une avarie de T. S. F. Ce fut seulement le 29 que l'*Ernest Renan*, en allant à la découverte sur sa gauche, eut connaissance du malheur survenu. « A 8 h. 30 du matin, par 39°13, de latitude N. et 16°20, de longitude E. (de Paris), nous sommes entrés dans une zone couverte d'épaves extrêmement nombreuses (elles avaient pas mal dérivé dans le Sud) : avirons, mâts d'embarcations, caisses, tables, bouées d'équipage, etc. Tous sur la passerelle nous avons été saisis d'une émotion intense. La vue de chaque nouvelle

épave qui passait nous frappait au cœur. Le
commandant (capitaine de vaisseau Ratyé) a fait
réunir tout le monde sur le pont pour rendre
les honneurs et, de lui-même, l'équipage a crié
d'une seule voix : « Vive la France ! » (Lettre de l'enseigne de vaisseau Tracou.)

Ma relation est peut-être un peu longue, à cause
des détails techniques que j'ai dû expliquer. Il m'a
d'ailleurs semblé que, par ce temps de torpillages à
outrance, il serait intéressant de reconstituer, aussi
exactement que possible, le drame effarant que
représente l'agonie d'un bâtiment frappé de la
sorte. Certes, le tableau ne pouvait être que dou-
loureux à l'extrême, mais il était nécessaire de le
présenter tel quel, pour rendre dans toute sa grandeur tragique le sacrifice si héroïquement accepté
et subi, à bord d'un navire dont la fin méritait
vraiment d'être mieux connue. Car si personne
n'ignore plus de quelle façon tombent nos admirables soldats, on ne sait généralement pas assez
comment nos marins meurent sur leurs bateaux.
J'espère en avoir donné une idée.

Gloire à ceux du *Léon Gambetta* !

L'ÉPOPÉE
DES FUSILIERS MARINS

I. — A PARIS

Dans la seconde quinzaine d'août, alors que les nouvelles de Belgique commençaient à devenir mauvaises, les Parisiens eurent la surprise de voir leurs principales rues gardées par des marins. Venus pour coopérer à la défense éventuelle de la place, on les avait provisoirement chargés d'y maintenir l'ordre. Et c'était avec condescendance et bonhomie que les sergents de ville les initiaient aux lentes promenades et stations que comporte le métier. Les uns réservistes, anciens chauffeurs ou mécaniciens de la flotte, provenaient de centres industriels importants, et ne dissimulaient pas leur satisfaction de se retrouver sur le pavé d'une grande ville. Les autres, au contraire, étaient de jeunes marins levés avec la dernière classe, longs-courriers, pêcheurs ou caboteurs aux yeux candides dans des visages imberbes, qui s'ennuyaient déjà de ne plus apercevoir la mer au bout de chaque avenue. Ils roulaient en marchant, et ne savaient surtout quoi faire de leurs pauvres bras

ballants. Mais bientôt cols bleus et vareuses disparurent sous de grandes capotes ; des cartou-
chières pleines vinrent alourdir les ceinturons,
tandis que l'épée-baïonnette se mettait à battre
plus sec contre les mollets guêtrés de cuir. Tout
en veillant sur la capitale, nos matelots se trans-
formaient peu à peu en soldats.

Aux survivants de l'année terrible, leur présence
rappelait le siège : le Bourget, où les fusiliers
marins, commandés par le capitaine de frégate
Lamothe-Thenet, avaient si bien bousculé la garde
royale prussienne ; le plateau d'Avron, sur lequel
les canonniers de l'amiral Saisset accomplirent des
prodiges d'héroïsme et d'adresse ; la fameuse
« Joséphine », une pièce de 190 de marine, géante
pour ce temps-là, que l'on avait hissée tout en haut
de Montmartre d'où elle réduisit au silence plus
d'une batterie allemande ; la canonnière la *Farcy*,
les gabiers qui montaient les ballons, et tant
d'autres.... Est-ce que, par hasard, nous allions
revoir les sombres jours que l'apparition des bérets
à pompons rouges ramenait à la mémoire de tous ?

Non ! La France, cette fois, n'avait pas attendu
qu'il fût trop tard pour faire le suprême effort.
Endormie par la captieuse chanson des amants
de la paix à tout prix, il suffit que fût déferlée

l'affiche du grand branle-bas de combat, pour
qu'elle sortît de son dangereux sommeil. Et, instantanément, elle fut debout, tout entière, à
commencer par ceux qui, la veille, criaient le
plus fort : « A bas l'armée ! » Une France que nul
ne soupçonnait, elle-même moins que quiconque,
calme, résolue, à la hauteur de tous les périls
qui fondaient sur elle. Plus de divisions politiques,
plus seulement de classes : la fraternité sous les
armes, réalisée dès l'embarquement des partants
dans les trains de mobilisation, et imposant au
reste l'union sacrée de toutes les volontés. Malgré
quoi, il nous fallut céder d'abord, sous la pression
des masses par trop énormes, tenues toutes prêtes
à se jeter sur un pays dont le plus grand tort était
de ne pas croire à la guerre. Mais nos admirables
troupes ne reculaient que pour prendre du champ,
et faire tête au bon endroit. Pendant que, sur leurs
talons, se ruaient deux millions et demi d'Allemands qui hurlaient à la déroute et à la mort, les
nôtres marchaient à la victoire de la Marne. Car,
toujours et partout, le dernier mot reste aux forces
morales les mieux trempées, — et personne ne
se doutait de celles que nous tenions en réserve.

En attendant, Paris se préparait fiévreusement
à recevoir l'ennemi...

Depuis le débarquement de la première compagnie de fusiliers marins, il n'avait cessé d'en arriver de nouvelles, provenant des différents ports militaires, de Brest et de Lorient principalement. A la fin du mois d'août, elles formaient deux régiments à trois bataillons chacun, soit un total d'environ 6 000 hommes. Et je ne parle pas ici des canonniers de la flotte qui vinrent armer certains forts des environs, où il fallut réaliser de véritables tours de force pour être prêts à tirer dans le délai fixé. Pas davantage de la flottille organisée sur la Seine, non plus que des sections d'autocanons, automitrailleuses et autoprojecteurs, tout cela monté par nos mathurins, et sorti comme par enchantement du Grand Palais des Champs-Elysées, devenu leur quartier général. Car Paris, qui a toujours eu un faible pour eux, n'avait rien trouvé de trop beau pour les loger.

Le meilleur moyen de défendre une place consistant à en écarter l'adversaire, l'armée du camp retranché fut envoyée au-devant de celle de von Kluck, qu'elle battit sur les bords de l'Ourcq. Un détail, peu connu, mais caractéristique de la prévoyance allemande : leur horde de tête comprenait tous les « directeurs » des grands hôtels parisiens, concierges polyglottes, garçons de res-

taurants, commis et autres espions qui pullulaient chez nous jusqu'à la veille de la guerre. Ils
devaient guider les cambrioleurs à casque pointu
dans leurs opérations de déménagement, et
avaient même préparé des fiches indiquant ce qu'il
ne fallait pas oublier d'emporter, ainsi que la
rançon à exiger des principaux habitants. J'ignore
s'il existait également une liste des femmes et des
enfants à égorger ; mais, comme on le voit, rien
n'avait été oublié pour rendre aussi fructueux que
possible le grand pillage auquel le kaiser devait
présider en personne. Malheureusement pour lui,
entre la coupe et les lèvres, se dressa... l'armée de
Paris. Les deux régiments de marine, qui en faisaient partie, avaient quitté le Grand Palais dans
la matinée du 2 septembre. Pas encore assez entraînés pour être exposés en première ligne, ils
formaient réserve dans le secteur Nord-Est de la
défense. Dès le lendemain, ils creusaient des
tranchées autour du fort de Gonesse, et y passaient
les journées suivantes, attendant l'ennemi à tout
moment. La compagnie Pinguet, du 1er régiment,
fut la seule à se trouver engagée, du côté de Creil,
avec une partie de uhlans qu'elle dispersa brillamment. On sait ce qui arrêta le reste. Aussi, le 9 au
soir, la brigade navale fut-elle replacée en can-

tonnements dans la banlieue, où elle acheva de s'organiser.

Car ces 6 000 hommes de mer, qui se trouvaient réunis pour la première fois de leur vie, étaient presque complètement étrangers aux choses militaires. Inexercés à la marche, beaucoup n'avaient jamais tiré un coup de fusil, et la Marine s'était vue dans l'impossibilité de leur fournir les objets de grand et de petit équipement dont elle-même n'était pas approvisionnée. Et le convoi ! Il était composé de voitures de livraison de tous les commerces, portant les réclames les plus hétéroclites — par la suite on les peignit uniformément en gris — et attelées de bêtes rassemblées au petit bonheur, parmi lesquelles un malin hasard s'était complu à rapprocher chevaux entiers et juments. On devine les ruades et bousculades qui s'ensuivaient, surtout sous la conduite de cochers improvisés, beaucoup mieux préparés à mener une embarcation qu'un attelage. Et lorsque la caravane arrivait à la halte du soir, c'était un concert de hennissements qui empêchait tout le monde de dormir. Mais chacun y mit tellement du sien qu'au bout d'une quinzaine, la brigade se trouva pourvue de tout le nécessaire. On parvint même à lui adjoindre un groupe de seize mitrailleuses, sous le commandement du lieutenant de vaisseau de Meynard. Par ailleurs, son instruction avait été poussée hâtivement, et elle possédait d'ores et déjà assez de cohésion pour être employée n'importe où et contre qui, comme elle n'allait pas tarder à le montrer.

II. — EN BELGIQUE

Le 7 octobre, sept trains partis de Saint-Denis et de Villetaneuse emportaient nos matelots, enfin expédiés au front. Et trois jours plus tard, ces hommes, habitués à vivre nu-pieds sur le pont de leurs bateaux, fournissaient des étapes de 30 et 40 kilomètres, après avoir, pour leurs débuts, tenu tête aux meilleures troupes allemandes ! En dehors de l'ardeur vraiment patriotique qu'ils déployèrent pour se mettre le plus vite possible à la hauteur de leurs nouveaux devoirs, il faut rapporter tout le mérite d'un pareil résultat aux efforts surhumains de leurs officiers, à commencer par le contre-amiral Ronarc'h. Car — c'est bien le cas de le dire — tel chef, tels soldats. Et je m'en voudrais de changer un seul mot au portrait que me traçait de lui un de ses jeunes lieutenants : « Taille moyenne, mais bien prise. Une tête éner-

gique sur un corps solidement musclé. Actif et
résolu. Breton dans toute l'acception du terme,
y compris la légendaire opiniâtreté. Exigeant des
autres autant qu'il est prêt à donner lui-même,
quoique plus sensible à leurs fatigues qu'aux
siennes propres. Rappelle le mot éternellement
vrai, que l'homme de guerre vaut surtout par le
caractère. » Mais les entraîneurs directs de la
brigade furent plus spécialement les lieutenants
de vaisseaux, capitaines des compagnies, qui, heureusement, avaient presque tous passé par le
bataillon-école de Lorient. Leur infatigable dévouement reste au-dessus de tout éloge, comme
l'exemple qu'ils donnèrent sans marchander.

Ce n'est plus un secret pour personne que les
Anglais et nous avons tenté l'impossible afin de
secourir Anvers. Or, les fusiliers marins devaient
se joindre aux forces que nous concentrions à cet
effet dans la région de Dunkerque. Mais aucun
ciment armé, pas plus à Anvers qu'à Liége, Namur
ou Maubeuge, ne se montra capable de résister
aux monstrueux obusiers allemands de 420, non
plus qu'aux canons autrichiens de 305, ceux-ci
doués d'une portée supérieure à celle de nos
batteries de forteresse qui, par suite, ne pouvaient même pas riposter. C'était la faillite du

béton, amenant en très peu de jours la chute des places réputées les plus imprenables.

Quand la brigade navale entra en gare de Dunkerque, humant à pleines narines les senteurs familières de la marée, elle reçut avis de continuer directement sur Anvers. La nouvelle fut accueillie par un double cri, longuement répété, de : « Vive la France ! » « Vive la Belgique ! » Recevoir le baptême du feu à côté de nos sauveurs, les Belges, avec le roi Albert comme parrain et au son du plus fameux carillon qui soit au monde, le tout accompagné par une distribution de dragées de la taille de celles que jetaient les Allemands, il y avait, en effet, de quoi satisfaire les plus difficiles. Et voilà les deux régiments de marins roulant à travers la Belgique, acclamés partout, et demandant à chaque station où se trouve l'ennemi, avec lequel il leur tarde d'en venir aux mains.

« Nous devions d'abord nous arrêter à Dunkerque — écrit le quartier-maître fourrier M. F... — mais nous n'y étions pas depuis dix minutes qu'on nous faisait repartir. Et comme nous avons mis le cap à l'Est, j'en ai conclu que nous allions en Belgique. Le voyage s'est admirablement passé. A la petite gare de Noyelles, des dames « de la haute », avec de petits tabliers de dentelle, nous ont fait des tas de cadeaux. Exemple : j'ai eu un caleçon en laine, une bougie, des allumettes, du pain et une pomme, cinq cigarettes et deux sous. J'en suis resté baba, et la charmante jeune femme qui me les offrait encore bien plus, quand je lui eus baisé la main en lui disant que la faveur qu'elle m'accordait mettait le comble à ses gâteries, et que je pourrais me battre gaiement après le sourire d'une jolie Française. Et ces choses idiotes, il fallait voir le pauvre être ignoble qui les débitait, sale à faire honte à l'aveugle du pont roulant de Saint-Malo. Ici, en Belgique, nous sommes reçus à bras ouverts, mais, en notre qualité de marins, un peu regardés comme des bêtes curieuses. Tout va bien et continuera d'aller pour le mieux, soyez-en sûrs. Mort aux Boches ! »

Bravoure et galanterie, misère et belle humeur, ce sont toutes les vieilles traditions de la marine française qui se retrouvent dans cette lettre exquise...

A Gand, le 8, ordre de descendre, la voie étant coupée au delà. Anvers va capituler et les Allemands avancent en force par la ligne Bruxelles-Alost, pour essayer de prendre en flanc l'armée belge qui opère fièrement sa retraite sur Bruges, en laissant Gand à gauche. Mais si l'on veut

sauver l'artillerie et les convois, c'est-à-dire de
quoi continuer la lutte ailleurs, il faut arrêter
l'ennemi pendant quarante-huit heures. Puisque
voilà des marins qui lui tombent du ciel, le
général Pau, chargé de rétablir la situation, va les
adjoindre aux troupes du général Clothen (Belge),

Région des opérations qui protégèrent la retraite de l'armée
belge.

pour faire digue et tenir le temps nécessaire. La
seule faveur qu'ils réclament est de se voir confier
le poste le plus avancé, en extrême pointe sur les
deux routes par où viendront les Allemands.

Le soir tombe, quand les derniers matelots
descendent à Gand. C'est l'heure magique où les
façades de ses délicieuses vieilles maisons se
reflètent en violet dans les eaux vives qui courent
partout, tandis que se mettent à rougeoyer leurs
hauts pignons à escaliers. Alentour règne un
horizon de velours vert, partout coupé de calmes

17

rivières et que tachettent les dernières floraisons
d'automne. Plus loin, des fouillis de villages et de
fermes cossues au milieu de bouquets d'arbres :
toutes les magnificences par lesquelles le travail
et l'art ont su embellir et varier une nature
aussi grasse que monotone. Mais les arrivants
n'ont pas loisir d'admirer. La seule chose qu'ils
voient de la ville, c'est l'élan qui porte sa popu-
lation tout entière au-devant d'eux, dont elle
espère le salut. Ils annoncent qu'une division anglaise les suit, et les bonnes gens de Gand se
reprennent à espérer, ne sachant comment assez
bienvenir leurs défenseurs imprévus. Ceux-ci
sont logés n'importe où, pour passer cette suprême
veillée des armes.

Le lendemain matin, 9 octobre, la brigade
effectue son rassemblement sur le champ de
manœuvres de Ledeberg, situé dans le Sud-Est
de la ville. Après quoi, déjeuner hâtif, pendant
lequel on vient prévenir que les avant-gardes
ennemies ont franchi la Dendre, et peuvent déboucher d'une minute à l'autre. Les deux régiments sont immédiatement envoyés : le premier
sur la rive gauche de l'Escaut, en aval de la ville,
pour barrer la route de Termonde ; le deuxième,
sur la rive droite, où il va occuper le front Gon-

trode-Quadrecht qui ferme, en amont de Melle,
la route d'Alost. Ils y trouvent des tranchées toutes
préparées et n'ont plus qu'à attendre l'ouverture
du bal. C'est l'artillerie qui, de loin, commence
le branle, et le même petit fourrier que tout à
l'heure se hâte de griffonner quelques lignes à sa
famille : « Je vous ai envoyé hier soir une lettre
de Gand qui nous a fait un accueil émouvant d'enthousiasme. Je profite d'un repos en plein champ,
pour vous envoyer toute ma tendresse sur cette
carte, la dernière qui me reste de France. Quelle
joie ! Nous sommes déjà « pompettes » d'entendre
le canon. » Et ils sont tous comme ça, en proie à
cette sorte d'ivresse que l'approche du danger
inspire aux vrais braves...

III. — LE BAPTÊME DU FEU

Ce fut la 1re compagnie du 1er bataillon (2e régiment) qui eut l'étrenne des Allemands. Déployée
entre Gontrode et Quadrecht, elle tint bon jusqu'au
moment où de grosses pertes — dont son capitaine,
le lieutenant de vaisseau Le Douget, un des premiers tués de la brigade — l'obligèrent à se replier.

Il s'agit alors de gagner, avant les Allemands,
le talus que forme la ligne du chemin de fer de

Gand à Termonde. Le commandant Pugliesi-
Conti (2e bataillon du 2e régiment) se met à la tête
de la 8e compagnie (capitaine Hébert) et l'occupe
sous un arrosage des plus abondants. Avec le
renfort du 3e bataillon (commandant Mauros),
on repousse toutes les attaques de l'ennemi qui,
surpris d'une pareille résistance, fait mine de
se retirer vers le soir, en abandonnant plusieurs
centaines de cadavres sur le terrain. Ce n'est, bien
entendu, que pour revenir un peu plus tard et beaucoup plus nombreux. Seulement, cette fois, profi-
tant de la nuit noire, les Allemands essayent de se
présenter en amis : « Ne tirez pas, disent-ils, nous
sommes des Anglais. » Comme les nôtres ne sont
pas encore au fait de leurs ruses diaboliques, ils
éprouvent quelque hésitation : « Envoyez-nous
quelqu'un », leur répond le commandant Mauros.
Et, personne ne se présentant, le feu est ouvert.
Il n'était que temps. Déjà, ils ont réussi à surprendre un quartier-maître mécanicien qu'ils
assomment à coups de crosse, parce qu'il refuse
de crier à ses camarades de ne pas tirer. Le quartier-
maître devint par la suite le héros d'une véritable
odyssée que nous ne résistons pas au plaisir de
résumer en quelques mots. Conduit devant un
officier supérieur bavarois (c'était à un corps de

sa nation que nos marins avaient affaire) et
interrogé sur nos forces, avec menace d'être fusillé
s'il ne s'exécutait pas, il regarda l'officier bien en
face et lui demanda : « Et vous, si vous étiez prisonnier, et qu'on vous posât la même question, est-
ce que vous répondriez? » L'autre fut désarmé
par cette fière présence d'esprit : « Tu es un brave »,
fit-il en lui tapant sur l'épaule, et il l'envoya à
l'hôpital dans une grande ville belge, où d'héroïques
bonnes sœurs risquèrent tout pour lui fournir un
déguisement sous lequel notre homme parvint à
gagner Anvers d'abord, puis la Hollande. De là, il
rentra en France et n'eut rien de plus pressé que de
retourner sur le front. On comprendra pourquoi
nous nous abstenons de le désigner, non plus que
les religieuses qui l'ont fait évader. Si nous le
connaissions, nous nous garderions encore davantage de citer le nom de l'officier bavarois, par
crainte de le desservir auprès de chefs qui ne lui par-
donneraient certainement pas de ne pas avoir
achevé un blessé quand il se refusait à trahir son
pays.

La fusillade dura toute la nuit, accompagnée
par le grondement de l'artillerie belge, établie
près de Meirelbeke, qui répondait aux batteries
ennemies. Dans le lointain s'allumaient des lueurs

sinistres : fermes incendiées, Allemands brûlant leurs morts, meules se mettant à flamber comme des torches. Et, inlassablement, à rangs serrés, compagnies après compagnies, les Bavarois montaient à l'assaut de nos tranchées. Quand ils n'étaient plus qu'à 10 mètres, les marins sortaient, chargeaient à la baïonnette, et rentraient jusqu'à la prochaine alerte. C'étaient de vraies luttes homériques, où les apostrophes ne manquaient même pas, d'effroyables corps à corps dans lesquels on ne faisait ni quartier ni prisonniers. Au petit jour, l'attaque ayant cessé, ordre fut reçu de réoccuper Gontrode, résultat que l'on obtint presque sans coup férir, tellement l'ennemi était las. En avançant, nos hommes trouvèrent entre autres morts un officier bavarois, à demi dévoré par les porcs. C'était le même que, la veille au soir, le Dr Chastang (méd. de 1re cl. de la marine) avait été soigner au péril de sa vie, ce dont les Allemands avaient immédiatement pris avantage pour tirer sur lui.

Entre temps, une division anglaise débarquait à Gand, et envoyait au fur et à mesure des renforts sur la ligne qu'occupait notre 1er régiment, de l'autre bord de l'Escaut. On y redoutait un mouvement tournant qui eût mis en péril la retraite de

l'armée belge, alors en pleine marche sur Eecloo.
Mais nos adversaires avaient des moyens d'infor-
mations dont nous manquions. Un taube d'abord,
puis une automitrailleuse, opérèrent des reconnais-
sances complétées par des espions soi-disant belges.
Voyant leur manœuvre déjouée, ils se rabattirent
du côté où nous étions restés les plus faibles.
Attaqués avec plus de violence que jamais, les
fusiliers marins du 2e régiment furent contraints
d'évacuer Gontrode pour la seconde fois, et de se
rabattre sur la voie ferrée, comme le soir précédent. Ils y étaient à peine quand se leva une brume
qui faillit leur devenir fatale, en permettant aux
Allemands de s'approcher sans être signalés. On
perçut, heureusement, le coup de sifflet d'un de
leurs sous-officiers, et quand ils escaladèrent le
talus du chemin de fer, précédés par une espèce
de géant roux, ils furent reçus par une décharge à
bout portant qui les faucha comme blé mûr. Dans
leur épouvante, ils firent des marins une nouvelle
espèce de diables, les « diables bleus », à ajouter aux
« diables noirs » déjà représentés par nos incompa-
rables chasseurs, et le reste de la nuit se passa un
peu plus tranquillement. Ils n'avaient qu'à
attendre d'être cent contre un, ce qui ne tarderait
pas, maintenant qu'ils pouvaient disposer de

toutes les forces précédemment retenues autour d'Anvers.

Nous avions atteint notre but. L'armée belge était désormais sauve, et cela, on ne le dira jamais assez haut, grâce à nos braves petits matelots qui, pour leur coup d'essai, venaient de tenir les Boches en respect aussi longtemps qu'il l'avait fallu. Mais les troupes rassemblées autour de Gand ne formaient plus qu'un îlot complètement isolé, tandis que la marée ennemie gagnait sur les deux rives de l'Escaut, menaçant de tout envelopper. En ce qui concernait plus spécialement la brigade navale, il allait y avoir deux jours et deux nuits qu'elle se battait sans trêve ni relâche, sans dormir et ne trouvant même pas le temps de manger. Pour toutes ces raisons, le 11 octobre au matin, il fut décidé que la retraite s'opérerait à la faveur de la nuit, et qu'elle serait commencée par les fusiliers marins, que des Anglais viendraient relever afin de permettre leur « décrochage ».

IV. — EN RETRAITE

A 6 h. 1/2 du soir, nos matelots traversèrent Gand, anxieusement interrogés par les habitants, auxquels on n'osait pas dire la vérité. Comme on

eût mieux fait, pourtant ! Et non seulement là,
mais partout où, confiants que les Allemands res-
pecteraient les lois les plus élémentaires de l'humanité nous leur abandonnâmes de malheureuses
populations auxquelles ils allaient faire renouer
connaissance avec toutes les barbaries oubliées
depuis des siècles, pillage à blanc, destructions
systématiques, incendie, viol, massacres en foule,
abominables persécutions et cruautés les plus
atroces, en un mot, l'infernal aboutissement de la
fameuse *Kultur* germanique... Mais on ne savait
pas encore de quoi elle était capable, et c'était
avec l'insouciance propre aux gens de mer que les
nôtres quittaient la Venise de l'Escaut.

Aux portes, deux rangées d'hommes allongés
coude à coude les mettent en joue. C'est l'arrière-
garde anglaise qui les prend pour des Allemands,
erreur reconnue à temps. Puis, la vaste plaine.
Une nuit de rêve dans un paysage à la Rodenbach.
Des eaux fuligineuses monte une brume fantastique, dont les écharpes blanches s'accrochent
aux arbres. Avec cet étrange éclairage, tout prend
des aspects inquiétants, surtout aux yeux
d'hommes exténués qui marchent à demi endormis,
pesamment chargés et le ventre creux. Ils se dirigent
sur Thielt, mais en passant par Aeltre, pour laisser

la route aux attelages, et cela représente une première étape de 35 kilomètres qui sera vaillamment
franchie dans la nuit, sans laisser un seul traînard.
A Aeltre, où les deux régiments arrivent entre
7 et 9 heures du matin, on prend des cantonnements
d'alerte, « quelques heures de repos dans de mauvaises granges — inscrit le lieutenant de vaisseau
Cantener sur son journal. On allait déjeuner, quand
arrive l'ordre de rassemblement. Départ à midi,
en abandonnant avec regrets l'omelette préparée.
On déjeunera, en chemin, d'une boîte de conserve ».

De Aeltre à Thielt, 20 kilomètres de route pavée,
sous de grands beaux arbres. De chaque côté,
fermes et riches cultures forment un tableau dans
le genre de ceux où Van der Meulen a peint les
guerres de Louis XIV en Flandre. Arrivée à
4 heures du soir, en même temps que la 7e division
anglaise. Celle-ci salue avec admiration notre intré-
pide brigade navale qui, après quarante-huit heures
de combat succédant à deux jours de voyage, vient
de couvrir 55 kilomètres en vingt heures. Grand
remue-ménage, bien on le pense, dans cette petite
ville où se trouvent rassemblés quelque 40 000
ou 50 000 hommes de toutes armes comme de
toutes nationalités, et que traversent d'intermi-

nables files de batteries d'artillerie, d'escadrons
de cavalerie, d'émigrants, de convois et d'auto-
mobiles. Une malheureuse créature est poursuivie
par la foule, qui veut l'écharper. L'un de nos
officiers s'interpose et découvre en elle une sœur
converse des Dames Assomptionnistes que le peu
d'agréments de sa personne et un costume par
trop dénué de coquetterie avaient fait prendre pour
un espion allemand déguisé en femme. Le lendemain matin, 13 octobre, on se sépare. Les Anglais descendent sur Ypres en passant par Roulers,
où ils se battront avec acharnement. Nos marins
filent vers Thourout, et y entrent au soir, sous
une pluie diluvienne. Là, ils ont l'insigne honneur
d'être placés sous les ordres immédiats de S. M. le
roi des Belges.

Va-t-on essayer de sauver Ostende, et pour cela
faire tête sur le front : marais de Ghistelles — bois
de Wynendaele — Cortemarck — Staden —
Menin? Il en est question, et, après une nuit de
repos largement gagné, les fusiliers marins se
portent à l'Ouest de Peereboom, pour s'y organiser défensivement, en formation articulée. On
leur adjoint un groupe d'artillerie belge (commandant Ponthus) qui ne les quittera pas de longtemps. Mais, à minuit, décision est prise de se

replier derrière l'Yser, dont la ligne offre un
meilleur point d'appui. Le mouvement commence
vers 4 heures du matin, le 15, par des routes de plus
en plus encombrées. Itinéraire : Werken, Eessen,
Dixmude, que l'on atteint un peu avant midi.
Les Allemands nous suivent à vingt-quatre heures
près, ayant couché le 13 à Thielt et le 14 à Thourout. Ils vont arriver en colonnes profondes,
déterminés à conquérir Calais, la mer, Paris,
l'Angleterre, que sait-on d'autre ? L'ambition de
leur kaiser ne connaît plus de bornes ! Mais s'ils
ont l'avantage du nombre et la supériorité de
l'armement, il nous reste l'invincible résolution que
les outrages accumulés, la moins justifiée des
agressions et la perspective d'être brutalement
spoliés de tout, mettent au cœur des plus pacifi-
ques. L'ordre est de tenir coûte que coûte. Pour la
brigade navale, en particulier, qui sera encore
l'héroïne de cette nouvelle fête, il s'agit de garder
à tout prix, mais cette fois pendant quatre jours,
la gare de Dixmude par où doit s'écouler tout le
matériel provenant d'Anvers. C'est là que se dérou-
lera le second chant de son épopée. Et pour en finir
avec le premier, inscrivons ici le nom qu'il portera
dans l'histoire, celui de Melle, la jolie petite ville
dentellière autour de laquelle se sont livrés les

combats que nous venons de relater sommaire-
ment. Ce nom désormais fameux, il est d'ailleurs
plus que probable que nous aurons incessamment
occasion de le lire, brodé en or éblouissant, sur
le bel étendard tout neuf de nos marins, où il
voisinera avec ceux de Dixmude et de Nieuport,
en attendant mieux.

V. — ARRIVÉE A DIXMUDE

Dixmude est — ou était plutôt, car il n'en reste
qu'un monceau de décombres — une paisible petite
ville de 4 000 âmes. Jadis port mouvementé, quand
l'Yser y creusait son estuaire (aujourd'hui reculé
jusqu'à Nieuport), ensuite place de guerre, elle a
connu des fortunes plus brillantes, avant de se
voir réduite à la silencieuse quiétude d'un marché
au beurre. De ce temps-là datent la grand'place,
l'église Saint-Nicolas, célèbre par les merveilleuses
ciselures d'un jubé où fleurissent toutes les mignar-
dises de la Renaissance, et un béguinage blanc et
rose, mais d'un rose délicieusement passé, près
d'un pont rouillé qui se mire dans une eau dormante, entre des quais aux pierres disjointes et
couvertes de saxifrages. Une vieille maison décorée
d'ancres en fer forgé, à l'enseigne du *Papegai*

(*Perroquet*), reste le seul souvenir de son passé maritime.

A part un faubourg, auquel la relie un pont-route, Dixmude est tout entière bâtie sur la rive droite de l'Yser canalisé, et dresse — je veux dire dressait — son beffroi gothique au centre d'une plaine basse et marécageuse, le *schoore*, que des centaines de petits fossés divisent en champs minuscules. Là dedans paissent les nombreux troupeaux, source du beurre tant vanté en Angleterre. Abandonnées par leurs maîtres qui ont dû s'enfuir précipitamment devant l'invasion, les malheureuses bêtes erreront entre les Allemands et nous jusqu'à ce qu'elles aient été toutes mangées, et occasionneront plus d'une alerte nocturne. Quant à l'Yser, il roule ses flots limoneux entre deux digues surélevées, comme le sont aussi les chemins et villages du pays, afin de ne pas être submergés à la moindre averse. Peu d'arbres, sauf le long des routes, mais beaucoup de moulins. Chose curieuse, leurs ailes se remettront à tourner après l'exode des meuniers, et cela chaque fois que nos marins esquisseront un mouvement quelconque. Car, des espions, l'ennemi a trouvé le moyen d'en avoir partout. A quelques centaines de mètres dans le Sud de Dixmude est le cimetière, où nous serons

obligés de nous retrancher. Il s'y passera des
scènes dignes de figurer dans une nouvelle
Danse Macabre ; entre autres lorsqu'une « marmite » déterrera le cercueil d'une jeune fille, dont
les marins horrifiés verront sauter le pauvre corps
en pleine décomposition...

VI. — TENIR COUTE QUE COUTE PENDANT QUATRE JOURS

Tel est le cadre dans lequel va se jouer la première partie de l'interminable bataille des Flandres,
qui dure encore. L'enjeu : Calais, que les Boches
espèrent bien prendre après Anvers, et où l'empereur Guillaume se tient prêt à faire une entrée
triomphale, comme à Paris, puis à Nancy, et partout avec le même succès. D'un côté, 250 000 Allemands qui arrivent à la façon du choléra, sous le
commandement du prince de Wurtemberg. De
l'autre, nous avons vu les Belges se replier d'Anvers
sur Bruges, couverts par nos héroïques matelots,
puis de Bruges sur l'Yser. L'armée du roi Albert
en occupe maintenant tout le cours inférieur, de
Dixmude à la mer, que surveillent nos troupes.
En amont, il y a de la cavalerie française, qui sera
prochainement remplacée par une division territo-

riale, et, plus loin, vers Ypres, les Anglais. Mais Dixmude reste le nœud de la position, à cause d'une gare où se croisent les lignes Ypres-Nieuport et Furnes-Gand.

C'est pourquoi on en confie la défense à la brigade navale, avec ordre de tenir coûte que coûte — le mot reviendra souvent dans ses fastes — pendant au moins quatre jours, le temps qu'arrivent des renforts. Aucun retranchement préparé. Comme artillerie, des pièces de campagne belges, incapables de riposter aux écrasantes batteries lourdes que les Allemands vont amener, et toujours à court de munitions, hélas ! D'ailleurs ni avions, ni ballons captifs pour régler le tir, et absence complète de tout service de renseignements. La brigade belge du général Meyser, réduite à 5 000 hommes, coopérera efficacement à la résistance, il est vrai. Ajoutons-y quelques goumiers, avec de grands manteaux rouges et des petits chevaux arabes, assez imprévus sur les routes de Flandre, aux arbres dénudés. Mais l'amiral Ronarc'h n'en aura pas moins un front de 7 kilomètres à garnir avec seulement six bataillons, alors que le double serait nécessaire. Ce qui n'empêchera pas ses marins d'y rester cramponnés trois semaines en plus des quatre jours demandés, et quand, diminués de moitié, ils devront évacuer la bicoque en ruines qui a fini par leur crouler sur le dos, ce ne sera que pour passer le pont et recommencer. Aussi le général Joffre les appellera-t-il sa « garde » à lui, déclarant qu'il ne les céderait pas contre 20 000 n'importe quels autres.

« *Jeudi 15 octobre.* — Nous arrivons à Dixmude vers 9 h. 30 du matin, au milieu d'un encombrement indicible. Campé, pour déjeuner, dans un champ labouré et détrempé à la sortie ouest de la ville, passé l'Yser. (Journal du lieutenant de vaisseau Cantener.) A midi, nous traversons la ville en sens inverse pour établir, aux abords, des tranchées défensives. Le secteur nord est dévolu au 3e bataillon du 1er régiment (commandant Rabot) et à ma 11e compagnie revient la portion comprise entre la route de Keyem et le canal d'Handzaeme (qui se jette dans l'Yser, à Dixmude même). Heureusement, nous ne perdons pas de temps, car à peine nos tranchées sont-elles couvertes, à la chute du jour, que nous recevons une première volée de balles et de shrapnells.

«*Vendredi 16.* — Perfectionné nos tranchées.

18

Les pauvres fermiers, dont nous occupons terres et granges, font en hâte leurs paquets et se sauvent. Nous avons déjà cuisiné leur basse-cour. C'est la dernière fois que nous payerons nos réquisitions. Nous ne trouverons plus ensuite que du bétail à l'abandon. Le soir, grosse attaque des Allemands. A 4 heures du matin, le docteur Chastang trouve un espion rôdant au fond d'un fossé qui longe nos lignes... J'ai bien regretté de ne pas l'avoir fait fusiller sur place, au lieu de le remettre à la gendarmerie belge qui le relâchera peut-être. »

C'est ainsi que la brigade prit terre à Dixmude. L'amiral en partagea aussitôt la garde entre ses deux régiments : le premier, chargé de la zone située au Nord du diamètre Caeskerke-Dixmude-canal d'Handzaeme ; le second, de la partie restant au Sud de la même ligne. Comme on vient de le voir, le plus pressé fut de creuser, à 500 mètres en avant de la ville, un demi-cercle de retranchements dont les deux extrémités s'appuyaient à l'Yser. La rive gauche du canal, également fortifiée, abritait réserves, artillerie, convoi, munitions, poste de commandement, et assurait la retraite. Les mitrailleuses du lieutenant de vaisseau de Meynard, toujours traînées à bras par leurs infa-

tigables servants, demeurèrent groupées au centre
de la défense, prêtes à se porter où besoin s'en

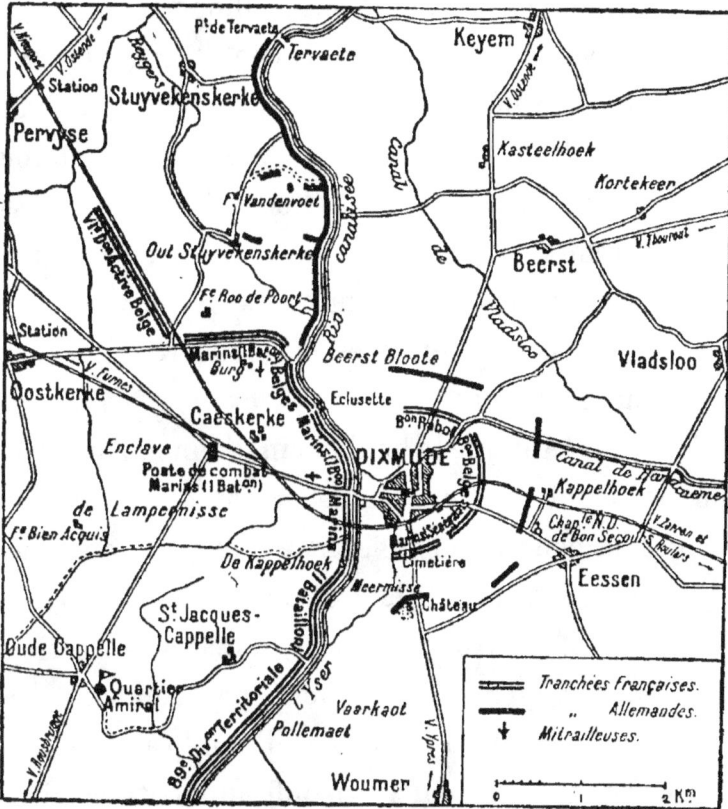

La défense de Dixmude.

ferait sentir. En réalité, c'était presque unique-
ment avec des poitrines d'hommes qu'on allait
barrer le passage aux Allemands, mais d'hommes
accoutumés à braver la colère de tous les éléments.

VII. — L'AFFAIRE DE BEERST

Le 18, un général belge, à la silhouette mince et fière, passe rapidement en revue la garnison de Dixmude, alignée sur la chaussée en bordure du canal. C'est le roi Albert, roi de l'Yser comme Charles VII fut un temps celui de Bourges. Il est venu s'assurer que nous sommes prêts à repousser de nouveaux assauts, imminents et formidables. Et l'occasion va s'en présenter encore plus vite qu'on ne le suppose.

Pas plus tard que le lendemain, l'ennemi attaque sur le front Keyem-Vladsloo, qu'occupent les Belges, et ceux-ci demandent à l'amiral d'envoyer à leur secours. Vers 9 heures du matin, le 2e régiment reçoit ordre d'avancer dans la direction de Beerst-Keyem. Il est mené par son chef, le capitaine de vaisseau Varney, d'une bravoure qui demeurera proverbiale. Insuffisamment éclairé, le bataillon d'avant-garde (1er bataillon — commandant Jeanniot) trouve Keyem déjà fortement occupé par les Allemands, mais le village est repris à la baïonnette par la 6e compagnie (capitaine Pertus), que va soutenir la 8e compagnie (capitaine Hébert) du 2e bataillon (commandant Pugliesi-Conti). En même temps, la 5e compagnie (capitaine de Maussion de Candé) est envoyée vers Beerst que nous croyons toujours au pouvoir des Belges. Or, à 400 mètres des premières maisons, elle est littéralement fauchée, et reste collée au sol, malgré la perte de son capitaine.

En approchant des lignes entre Keyem et Beerst, que les Belges ont évacuées, la 8e compagnie est également reçue par un feu nourri. Arrivé à une ferme, vers la petite agglomération de Kasteelhoek (voir la carte), M. Hébert envoie son lieutenant, l'enseigne de vaisseau de Blois, en reconnaissance avec les 1re et 2e sections (cette dernière commandée par l'officier des équipages Fossey) pendant qu'il se retranche dans la ferme, où vient le renforcer le lieutenant de vaisseau de Roucy, avec des mitrailleuses. Un peu plus loin, M. de Blois rencontre le commandant Jeanniot qui lui donne l'ordre de se porter franchement en avant. Mais, au premier bond, M. de Blois est grièvement blessé (emporté par le 2e maître Echivorel) et M. Fossey tué. Les deux sections ne s'en accrocheront pas moins bravement au terrain, la 1re commandée maintenant par le second maître Carré et le quartier-maître Le Chanteur, l'autre par le 2e maître Le Galès.

Sous le feu le plus violent, M. Hébert tenait

toujours dans sa ferme, secondé par le 2e maître
Morice, un sourd, qu'il était obligé de courber
à terre par force, chaque fois qu'arrivait un obus.
Avec le reste de son bataillon, le capitaine de frégate
Pugliesi-Conti les a rejoints. Alors, on rallie les
débris des 8e et 6e compagnies, cette dernière dont
l'officier des équipages Le Pannerer a pris le
commandement, et il est enjoint à la 7e compagnie
(capitaine Gamas) de reprendre l'attaque contre
Beerst, ce à quoi il procède par un mouvement
tournant des mieux réussis. En route, il recueille
l'enseigne du Réau de la Gaignonnière (resté avec
la réserve de la 8e) qui, apprenant que M. de Blois
n'est plus là, court le remplacer, quoique blessé
lui-même. Grossi par les petits détachements qu'il
recueille chemin faisant, M. Gamas s'empare brillamment des premières maisons de Beerst et s'y
retranche. A lui les honneurs de la journée. Des
renforts arrivent ensuite, et le combat dure
jusqu'à 5 heures du soir, où les Allemands finissent
par évacuer Beerst.

Succès chèrement acheté ! Deux cents tués, dont
le lieutenant de vaisseau de Maussion de Candé,
de tout premier ordre ; l'enseigne de vaisseau
Boussey et l'officier des équipages Fossey, deux
héros. Parmi les blessés, les lieutenants de vaisseau

Pertus, qui pleurait d'abandonner sa compagnie, de Roucy, Hébert, grand apôtre de la culture physique et fondateur de ce collège des athlètes de Reims qui a préparé tant de solides défenseurs de la patrie ; les enseignes du Réau de La Gaignonnière et de Blois, lequel, sous le pseudonyme d'Avesnes, a écrit des livres charmants que tout le monde a lus et dont le dernier paru est un très beau roman intitulé *la Vocation* (1). Mais on avait atteint le but, qui était de soulager le reste du front belge, et il ne pouvait être question d'agrandir le nôtre, déjà trop large pour le petit nombre de ses défenseurs. A 6 heures, ordre de se replier sur Dixmude, qu'on traverse par une pluie battante, pour rentrer, vers minuit, dans les cantonnements de Saint-Jacques-Cappelle. Ce sont de véritables arches de Noé où les marins s'entassent pêle-mêle avec des artilleurs et des cavaliers, et leur premier soin est de préparer un peu de café chaud.

VIII. — L'ENFER DE DIXMUDE

Bientôt, les Allemands mettent en batterie de l'artillerie lourde : 105, 150, 210 et jusqu'à du 280, pour se livrer à un bombardement intensif de

(1) Livre auquel l'Académie française vient de décerner le grand prix du Roman.

Dixmude et des tranchées environnantes. L'Hôtel de Ville reçoit une des premières « marmites », dont l'explosion tue 17 hommes et en blesse 26 autres. Le lieutenant de vaisseau Sérieyx fut le seul à en revenir. Projeté à terre par la secousse, il eut, en se relevant, la pénible surprise de voir le fourrier avec qui il parlait gisant à son côté, la moitié de la tête emportée ; un autre, les yeux fixes, grands ouverts, avait un énorme morceau de fer planté dans le front ; celui-ci retenait à deux mains sa cervelle, celui-là qui criait : « Ma jambe ! J'y suis !... » Visions d'horreur, mais auxquelles on s'endurcit assez vite. Après quoi, attaques renouvelées de jour et de nuit, tranchées constamment prises et reprises, mais finissant toujours par nous rester. Combats furieux, dans lesquels nos matelots se ruaient comme à l'abordage, creusant chez l'ennemi de profonds sillons, malheureusement rebouchés presque aussitôt : il était tellement plus nombreux que nous ! La baïonnette y jouait le rôle le plus important, et c'était à qui des « Jean Le Gouin » — équivalent maritime du « poilu » — embrocherait le plus de Boches. Au vingtième, un Breton devint subitement fou furieux, tandis que l'arme d'un petit Parisien se brisait dans le ventre de son cinquième Wurtembergeois : « M...! — s'écria ce gavroche incorrigible — voilà que j'ai perdu mon épingle à chapeau! » Et prenant son fusil comme une massue, il continua de se battre. Ailleurs, un marin désarmé faisait le coup de poing contre trois Allemands. Des traits pareils, on en citerait jusqu'à demain. Et sortis de là, ils retrouvaient encore leur vieille gaieté française, témoin la chanson ci-dessous, rimée dans la tranchée, sur l'air : *Auprès de ma blonde :*

> *Sur les bords de l'Yser*
> *Les marins ont tenu*
> *Les Allemands en arrière,*
> *Si bien qu'ils n'ont pas pu*
> *Traverser la rivière*
> *Comme ils l'avaient convenu.*

> *Su' l' bord de l'Yser-e*
> *Contre Jean i' s' sont butés,*
> *Et Jean, sans s'en faire,*
> *S' creusa des tranchées.*

> *Le plus moch' dans l'affaire,*
> *C'est qu' l' vieux maît' commis*
> *Etait loin sur l'arrière,*
> *Et l' pinard avec lui !*
> *Et la flott' d' la rivière*
> *Gharriait des corps pourris.*

Su' l' bord de l' Yser-e
Jean, qu'avait la pépie,
Par les meurtrières
R'cueillait l'eau d' la pluie.

La pression des Allemands devenait de plus en plus écrasante. Le 22, ils réussirent à percer les lignes belges et à prendre pied sur la rive gauche de l'Yser, dans la boucle que celui-ci forme au Nord de Tervaete. Menacé d'être tourné, l'amiral envoie les deux bataillons Rabot et Jeanniot, pour enrayer l'infiltration et établir un front d'arrêt de ce côté. Vivement menée, l'affaire réussit, malheureusement au prix des sacrifices les plus pénibles. Tués : environ 100 hommes par compagnie, les lieutenants de vaisseau Cherdel, de Chauliac et Féfeu, les enseignes Sérieyx (cousin du lieutenant de vaisseau), Vigouroux, l'officier des équipages Hervé, qui tombe en criant à ses hommes : « Mes enfants, vengez-moi ! », et l'enseigne Carrelet, ce dernier emporté à l'ambulance où il mourut « d'une mort héroïque et sainte ». Le 23, est tué par un obus le lieutenant de vaisseau Payer, vaillant officier qui s'était offert des premiers pour venir combattre à terre.

Mais que deviendrait-on quand l'ennemi aurait

établi des batteries qui nous prendraient à revers?
C'est alors que le quartier général belge recourut
au moyen suprême, consistant à submerger les
terrains en contre-bas de la mer. Les écluses de
Nieuport furent ouvertes et, de proche en proche,
l'inondation se « tendit », semblable à une étoffe
que l'on déploie très lentement. De rage, nos adversaires se rabattirent sur Dixmude, et ne laissèrent
plus un instant de répit à la brigade, dont la tâche
devenait de plus en plus lourde au fur et à mesure
que ses forces allaient s'épuisant.

« Dimanche dernier, dans la nuit — écrit un de
mes correspondants — comme nous venions d'être
relevés, il a fallu retourner à la tranchée et repousser un terrible assaut. D... a été magnifique.
Nous avons fait prisonniers un capitaine, un lieutenant et 200 hommes qui méritaient d'être fusillés,
ayant été trouvés porteurs de balles dum-dum. »
Car les Allemands continuaient d'avoir recours
aux moyens les plus déshonorants, surtout lorsqu'ils étaient employés par un major de la Garde,
comme le Herr Graf von Pourtalès, qui criait, en
excellent français : « Ne tirez pas, nous sommes
des Belges ! » Mais il fut démasqué par le « Wer
da ? » d'un de ses hommes, et abattu comme un
chien par un de nos officiers qui cueillit sur lui

des dépouilles opimes : « un beau sabre armorié et damasquiné, une paire de jumelles à prisme, un jeu complet de cartes de Belgique au 60 000e et une lampe électrique perfectionnée, le tout gluant de son sang, mais à la guerre, il ne faut pas être trop difficile ».

IX. — ALERTE SUR ALERTE

Dans la nuit du 25 au 26, se produisit une alerte encore inexpliquée. Une colonne ennemie, forte d'un demi-bataillon, trouva le moyen de s'introduire en ville, soit qu'elle ait réussi à se faufiler entre deux tranchées dont la défense était harassée, soit par un souterrain aboutissant aux caves de certaines maisons suspectes. Refoulant tout devant eux, les Allemands parvinrent jusqu'au pont-route, où la sentinelle fut tuée. L'enseigne de vaisseau de Lambertye, qui veut, nouvel Horatius Coclès, leur barrer le chemin à lui tout seul, tombe percé de deux coups de baïonnette, — auxquels il échappa miraculeusement. Au bruit, tranchées et mitrailleuses de la rive gauche ouvrent le feu et couchent les trois quarts des assaillants par terre. Mais une centaine passent et continuent droit devant eux, tirant sur tout ce qu'ils rencontrent.

C'est ainsi que sont fusillés à bout portant le médecin principal Duguet-Leffran (tué) et l'abbé Le Helloco, aumônier du 2e régiment (blessé). Un peu plus loin, ils surprennent et emmènent le capitaine de frégate Jeanniot, de repos cette nuit-là, qui sortait pour mettre en action la réserve du secteur. Puis les Allemands, avec quelques Belges et marins qu'ils ont ramassés chemin faisant, vont se raser derrière une haie, où ils sont découverts au petit matin et bientôt cernés. Avant de se rendre, ils eurent malheureusement le temps d'assassiner une partie de leurs prisonniers, dont le commandant Jeanniot. L'amiral fit exécuter séance tenante un certain nombre de ces misérables, en attendant que la gendarmerie eût établi le plus ou moins de responsabilité des autres. Et les officiers de la brigade, les rares qui survivent à l'enfer de Dixmude, se demandent toujours si cette échauffourée n'était pas une répétition préparatoire à la surprise du 10 novembre.

Depuis longtemps, la ville n'est plus qu'un amas de briques et de moellons noircis par le feu, d'où s'échappent de lourdes fumerolles, comme d'un volcan mal éteint. Demeurent seuls debout quelques pignons veufs de leurs toitures, avec des châssis de fenêtres vides qui pendent lamentable-

ment. D'immenses entonnoirs, creusés par les
« marmites », coupent les rues : au fond de l'un
d'entre eux, gît une charrette et son attelage. Blessé
par deux balles de shrapnell, le lieutenant de vaisseau de Meynard est porté dans une maison un peu
plus épargnée que les autres, mais pendant que
le docteur Lecœur achève son pansement, tous
deux dégringolent dans la cave, et ce ne fut
pas sans peine qu'on parvint à les en retirer. A
un moment donné, nous manquons d'être enfoncés
du côté du cimetière, où le lieutenant de vaisseau
Martin des Pallières, après avoir repoussé plusieurs attaques d'une violence inouïe, est coupé
en deux par un boulet. Le jour suivant, ce sera
ailleurs qu'il faudra tenir bon, car les Allemands
ne nous laissent plus une minute de répit, tournant
autour de Dixmude comme une bande de chacals
qui attendent l'heure de la curée. Des troupes
fraîches, ils en amènent constamment et toujours,
alors que, semblable à l'écueil qui s'émiette sous
le refrain des vagues perpétuellement renouvelées, la brigade s'épuise, fond comme de la cire.
Tant pis ! On en sera quitte pour se dédoubler, par
un prodige que va nous expliquer le quartier-
maître-fourrier M... F..., déjà cité : « 3 heures
après-midi. Je vous écris sous ma tente de toile cirée

et dans celle des événements, — mauvais calembour, sans doute, mais que les circonstances rendent presque sublime. La situation n'est pas brillante, et si je réchappe de ce coup-là, c'est que je suis « increvable ». Nous nous battons depuis hier soir, et ne restons plus ici, dans ce coin de tranchée, que sept malheureux « Jean Le Gouin », dans l'eau jusqu'au ventre, très gais quoique ça, fumant et « bouffant » comme quatre, tout en veillant à ne pas nous laisser cerner. Moi, pour me distraire, je note ce qui se passe. — 4 heures. Le reste de la compagnie est en tirailleurs sur notre gauche. J'envoie demander du renfort, mais le « type » est tué. Je m'y glisse moi-même ; on me promet de ne pas nous oublier, dès que la chose sera possible. — 4 h. 25. Nous ne sommes plus que deux, et les Boches arrivent en rampant. Pour donner l'illusion du nombre, nous prenons chacun deux fusils et tirons à toute vitesse, un fusil contre chaque épaule, en courant derrière une haie. L'ennemi s'arrête et rebrousse chemin. Arrive une escouade de renfort, il était temps... Je ne sais plus exactement ce qui s'est passé ensuite, ayant dormi onze heures d'une traite : 35 hommes manquent à l'appel, mais nous avons fait 300 prisonniers et pris 5 mitrailleuses. »

On sent quand même que la fin approche. Les
officiers en ont conscience et certains inscrivent
à tout hasard des rencontres de camarades, dont
chacune menace toujours d'être la dernière. « Notre
aumônier passe (l'abbé Pouchard, du 1er régiment), venant des lignes avancées, infatigable
malgré le surmenage. Un serrement de mains aussi
à de Malherbe et à d'Albiat : nous sommes les
trois seuls capitaines du régiment primitif ! Puis
je bavarde un quart d'heure avec ce brave de
Montgolfier, aussi plein d'allant que jamais ; nous
ne nous reverrons plus... » Mais rien ne peut
ébranler le moral de pareils hommes, chez qui la
mer a trempé les âmes à toute épreuve. Ainsi,
le même qui se livrait aux mélancoliques réflexions
ci-dessus, continue par cette boutade : « Fait la
connaissance de Grégoire, petit lieutenant d'artillerie belge, qui a la spécialité de bombarder
les nids à mitrailleuses des Allemands. Il s'est
mis en tête de démolir une grange occupée par
l'ennemi, et vient s'installer dans la cour de la
ferme où nous sommes en train de préparer le
déjeuner. Nous prévoyons le résultat : la grange
lui rira au nez, et dès qu'il aura déguerpi, son panier
une fois vidé, c'est nous qui trinquerons de la
réponse. Elle ne se fait pas attendre. Un premier

obus tombe dans les étables et blesse un homme. Un second éborgne la maison. Hâtons le déjeuner, ce serait dommage de perdre nos belles pommes de terre si bien dorées. V'lan ! et v'lan ! Un obus dans le grenier, un autre devant la porte. Impossible de tenir. Je renvoie mes hommes aux tranchées et vais chercher mon plat. Mais un obus entre en même temps que moi dans la cuisine et renverse le cuisinier d'un éclat dans le dos. Mon ordonnance et moi le portons dans la cave, en attendant une accalmie qui permette de l'évacuer. Et nous filons nous terrer dans nos trous, sans, bien entendu, lâcher les frites, pendant que quatre ou cinq rafales pleuvent sur la case. Et tout cela, c'est la faute à Grégoire ! »

X. — L'ASSAUT FINAL

Mais tout a un terme : 21 jours se sont écoulés, en sus des quatre pendant lesquels on avait demandé à nos marins de barrer la route aux Allemands. Faute des renforts promis, ils vont être obligés de se replier devant la formidable pression de toute une armée. La nuit du 9 au 10 novembre a été relativement calme, quand, au point du jour, le bombardement reprend avec une intensité qui n'a pas été atteinte jusque-là.

Les coups se succèdent de seconde en seconde,
s'abattant sur la ville, dans les tranchées, écrêtant
les digues et fauchant les réserves. « 11 heures. Les
arbres du canal tombent l'un après l'autre. Deux
de nos tranchées sont encore effondrées, sans qu'on
puisse aller en retirer nos morts et nos blessés.
Et cela continue ! » marque le lieutenant de vaisseau Cantener, dont la 11ᵉ compagnie, nous l'avons
vu, occupe le terrain compris entre ce canal de
Handzaeme et la route de Keyem. C'est alors qu'un
secteur voisin, sur la droite, mais que n'occupaient
pas des matelots, se trouve brusquement débordé
par le flot des Allemands qui montait toujours.
« J'ai prévu le cas, — poursuit notre précieux
témoin. L'officier des équipages Le Provost, avec
sa section, court se poster contre la berge du canal
de Handzaeme, d'où il les prendra en flanc. Oui,
seulement *eux* aussi ont prévu, et parent. Avec
une précision mathématique, trois rafales d'obus
se succèdent, tuant la moitié des hommes et dis-
persant le reste de la section. Enfin, notre tir à
nous arrête les Allemands qui se replient en massa-
crant leurs prisonniers belges. Mais, de l'autre côté
du canal, ils continuent à affluer vers la ville. Il
faut faire face partout à la fois, et ça commence à
ne plus être drôle du tout. En vain, j'essaie de

communiquer avec les compagnies déployées sur ma gauche (la 10e, capitaine Baudry, qui vient d'être tué, et la 9e, capitaine Béra). Tous les hommes de liaison tombent sans pouvoir franchir la route de Keyem. Que se passe-t-il derrière nous? On ne le devine que trop !

« De tous côtés, maisons, ruines et fossés se sont peu à peu remplis de Boches... 4 heures du soir. Voilà plus de vingt fois que je regarde ma montre. Ne recevant plus d'ordres de personne (le capitaine de frégate Rabot, commandant le secteur, est mort), j'avais décidé que si, par miracle, je pouvais tenir jusqu'à la nuit, j'essaierais de ramener à l'Yser le reste de ma compagnie et des voisines de gauche. Je n'ai plus qu'une quinzaine d'hommes autour de moi. Pourquoi l'ennemi ne nous charge-t-il pas? Incompréhensible ! Un moment, il éclate tant d'obus autour de nous que nous avons la sensation d'être protégés des balles par ce déluge de mitraille... et nous entamons une boîte d'endaubage avec du chocolat comme dessert. Il est tout de même temps de déjeuner ! »

Dans l'intervalle, les Allemands ont tourné les débris de la 12e compagnie qui ne compte plus que quelques fusils en ligne et les font prisonniers, ainsi

que le capitaine Sérieyx, adjudant-major du
bataillon. Ils les entraînent vers la rivière à laquelle ils cherchent un passage.

Mais, suivant leur lâche habitude, ce sera en les
plaçant devant eux, comme boucliers, contre le
tir des tranchées que masque la rive gauche de
l'Yser. « Dites-leur de se rendre », enjoint un
officier au capitaine Sérieyx. « Vous plaisantez —
répond celui-ci avec le plus grand sang-froid — nous
avons là au moins 10 000 hommes ! » A cet instant,
une balle lui traverse le bras, ce dont il profite pour
tomber à terre, exprès. Il a vu que des marins, en
réserve de l'autre côté du canal, ont pris une
passerelle volante qui demeure cachée aux Allemands et arrivent à leur secours. Sur un signe de
lui, ses hommes se laissent rouler du haut en
bas du talus et, tous ensemble, franchissent l'Yser
glacé à la nage, — le capitaine Sérieyx malgré son
bras cassé. Ils étaient sauvés !

Revenons maintenant à ceux que nous avons
abandonnés tout à l'heure. Ils se trouvaient
au milieu des circonstances les plus critiques, et
le même journal que précédemment va nous
montrer comment ils en sont sortis à leur honneur.
« Enfin, voici la nuit. En nous faufilant, nous parvenons à traverser la route de Keyem. Je recueille

en passant ce qui reste des compagnies 9 et 10. Devisse réussit à remettre en action une mitrailleuse belge. Quelques salves bien envoyées arrêtent les Allemands trop entreprenants du côté nord, et une pointe poussée vers la ville par une demi-section intimide ceux du sud. Ils doivent nous croire bien pris et veulent sans doute se masser avant d'enlever nos tranchées. Nous formons un petit carré de protection et allons ramasser ce que nous pouvons de nos blessés. En silence, nous partons. Ciel couvert, pas de lune. Au loin, une ferme qui brûle assure à peu près notre direction. Pendant cinq mortelles heures, nous nous glissons par les marais. On s'embourbe dans les ruisseaux vaseux où l'on risque à tout moment de s'enliser. Mais nous avons la chance de n'essuyer que quelques coups de fusil auxquels nous nous gardons bien de répondre, afin de ne pas nous signaler. On se servira de la baïonnette seulement si nous sommes attaqués... Nous arrivons enfin à l'Yser. O bonheur ! la passerelle volante y est encore, à 200 mètres du pont-route où la bataille fait rage. On nous reconnaît, nous passons. » C'étaient 481 hommes, ralliés un peu partout, que les lieutenants de vaisseau Cantener et Béra ramenaient, avec leurs armes et équipements presque

complets, contre toute espérance, ayant accompli
une retraite aussi pénible que glorieuse. Et quelle
littérature vaudra jamais le simple et émouvant
récit qui précède?

Dans Dixmude même, les actes d'héroïsme sont
innombrables. Mais ils ne peuvent aboutir à la
conservation de la ville que l'amiral se décide à
évacuer, pour se mettre en mesure d'arrêter
l'ennemi sur l'Yser même. On fait sauter les ponts
(le pont-route et celui du chemin de fer) et, à
5 heures, les ruines de ce qui fut Dixmude restent
au pouvoir des Allemands. Maigre conquête, au
regard de leurs colossales hécatombes ! Quoique
beaucoup moins important, le nombre de nos
tués et blessés était encore assez élevé. Parmi les
premiers, le capitaine de frégate Rabot, les lieutenants de vaisseau Baudry, Kirsch, d'Albiat,
Modet, Gouin et Lucas, les enseignes de Montgolfier — qui mourut « heureux, dit-il, de donner sa
vie pour la France » — de Lorgeril, de Nanteuil,
le médecin principal Lecœur. Au nombre des seconds, le capitaine de vaisseau Varney, le lieutenant de vaisseau Sérieyx, les enseignes Melchior,
Kez-Lombardie, les officiers des équipages Paul et
Charrier.

XI. — DE L'AUTRE COTÉ DE L'YSER

Le même soir arrivaient des renforts, malheureusement trop tard. Il ne restait plus qu'à s'organiser derrière la banquette de la rivière dont nous fîmes un obstacle infranchissable. Pendant six jours et six nuits, les Allemands essayèrent de passer à n'importe quel prix, sans autre résultat d'ailleurs que d'aggraver considérablement leurs pertes. Tels les sauvages, cruels et voleurs, que ceux de la vieille Marine, comme moi, ont encore connus en Malaisie. Avec la même rage impuissante ils s'acharnaient à l'escalade du navire en relâche dans leurs îles, animés par l'espoir de massacrer l'équipage et de faire main basse sur ses richesses. Et ce navire, la berge de l'Yser le rappelait un peu, couronnée qu'elle était de matelas pare-balles qui évoquaient le souvenir des bastingages à hamacs d'autrefois, et garnie de défenseurs en bérets à pompons rouges. Mais la brigade navale était épuisée. Il devenait absolument nécessaire de l'envoyer se reformer quelque part, et, le 16 novembre, une division territoriale se présenta pour relever l'amiral Ronarc'h et ses « Jean Le Gouin » de leur « quart » de vingt-six jours sur l'Yser.

Au repos, ils n'y demeurèrent pas longtemps. A peine complétés, on les revit en Belgique, pas loin de la mer. Le hasard les a même fait rencontrer avec les fusiliers de la Marine allemande, qu'ils ont eu la satisfaction de battre copieusement. Mais je n'ai pas encore réuni les documents nécessaires pour raconter leurs derniers combats. Un autre jour, donc, j'achèverai de nouer en gerbe les lauriers de nos admirables Mathurins. Ne pouvant plus, hélas ! marcher avec eux, c'est encore un peu les suivre que d'enregistrer pieusement les hauts faits de mes anciens camarades.

ANNEXES

ABRÉVIATIONS

C. a. Contre-amiral.
C. v. Capitaine de vaisseau.
C. f. Capitaine de frégate.
L. v. Lieutenant de vaisseau.
E. v. 1re cl. Enseigne de vaisseau de 1re classe.
E. v. 2e cl. Enseigne de vaisseau de 2e classe.
O. e. Officier des équipages.
Asp. Aspirant.
Méc. en ch. Mécanicien en chef.
Méc. p. 1re cl. Mécanicien principal de 1re classe.
Méc. p. 2e cl. Mécanicien principal de 2e classe.
Com. en chef. Commissaire en chef.
Com. p. Commissaire principal.
Com. 1re cl. Commissaire de 1re classe.
Com. 2e cl. Commissaire de 2e classe.
Méd. en ch. Médecin en chef.
Méd. p. Médecin principal.
Méd. 1re cl. Médecin de 1re classe.
Méd. 2e cl. Médecin de 2e classe.
Méd. 3e cl. Médecin de 3e classe.

ANNEXE A

ÉTAT-MAJOR DU *Bouvet*.

C. v. RAGEOT DE LA TOUCHE, commandant... disparu.
C. f. AUTRIC............................ —
C. f. COSMAO-DUMANOIR.................. —
L. v. SAISSET......................... —
L. v. BOUTROUX....................... —
L. v. LEGRAND (F.).................... —
L. v. STUTZ.......................... —
L. v. PAQUIER........................ —
E. v. 1re cl. AUBERT (J. H. H.)........... —
E. v. 2e cl. FAYET..................... —
E. v. 2e cl. COMBEROUSSE................ —
Asp. POTIER DE COURSY................. —
Asp. D'AYMAR DE CHATEAURENARD.......... —
Asp. PIAT-DESVIAL..................... —
Asp. DONEAUD......................... —
Asp. FILHOL.......................... —
Méc. en ch. DUMAS.................... —
Méc. p. 1re cl. MANDIN................. —
Méc. p. 1re cl. HENRY................. —
Méc. p. 2e cl. SANOULAS............... —
Méc. p. 2e cl. NÉGRO.................. —
Com. 1re cl. SARTHE................... —
Méd. 1re cl. DUVILLE.................. —
Méd. 2e cl. CAHUZAC.................. —
L. v. (réserve). QUERNET................ survivant.
L. v. THÉVENARD..................... —
E. v. 1re cl. DE VILLIERS DE LA NOUE........ —
E. v. 1re cl. BÉCAM................... —
E. v. 2e SIMON.......................

ANNEXE B

ÉTAT-MAJOR DU *Léon-Gambetta*.

C. a. Sénès.............................. disparu.
C. f. Héraud, chef d'état-major.............. —
L. v. Chédeville, aide de camp............ —
L. v. Fay (G. M. G), aide de camp.......... —
L. v. Ballande (C. A), aide de camp........ —
C. v. André (G. H. M.), commandant........ —
C. f. Dauch.............................. —
L. v. Puech (F. C. E.).................... —
L. v. Boyer (M. J. E. D. F.)............... —
L. v. Dubois (A. P.)..................... —
L. v. de Lesparda...................... —
L. v. Roussel (J. C. P. L.)............... —
E. v. 1re cl. Wachowski.................. —
E. v. 1re cl. Boisson (P. M.)............. —
E. v. 1re cl. Lefèvre (A. C. J. M.)......... —
E. v. 1re cl. Prot....................... —
E. v. 1re cl. Bourgine................... —
E. v. 2e cl. Seren...................... —
E. v. 2e cl. Colbrant................... —
E. v. 2e cl. Amet....................... —
E. v. 2e cl. Jaillard................... —
Asp. Liasse............................ —
Méc. en ch. Le Corre (O. M.).............. —
Méc. p. 1re cl. Guérin (R.)............... —
Méc. p. 1re cl. Paissac.................. —
Méc. p. 1re cl. Launay (A.).............. —
Méc. p. 1re cl. Piriou................... —
Com. p. Deligny........................ —
Élève-com. Bunoust..................... —
Méd. p. Souls.......................... —
Méd. 1re cl. Guilguet................... —
Aumônier Abbé Julien................... —

ANNEXE C

LISTE DES OFFICIERS COMPOSANT LES CADRES
DE LA BRIGADE DES FUSILIERS MARINS AU MOMENT DE SON DÉPART
POUR LA BELGIQUE, LE 7 OCTOBRE 1914.

(Les noms en **caractères gras** indiquent ceux qui ont été glorieusement tués à l'ennemi ; en *italiques,* les blessés.)

ÉTAT-MAJOR DE LA BRIGADE.

C. a. RONARC'H.

Chef de bataillon LOUIS, chef d'état-major.

L. v. VALAT, aide de camp.

L. v. DURAND-GOSSELIN, aide de camp.

E. v. 1re cl. PELLE-DESFARGES, officier d'ordonnance.

Lieutenant BRUNET, du train des équipages.

Com. en ch. DUVIGEANT.

Officier d'administration de 1re cl. LE DOZE.

Méd. en ch. SEGUIN.

Méd. 3e cl. KERVELLA.

Méd. 3e cl. LEISSEN.

Vétérinaire GODARD.

COMPAGNIE DE MITRAILLEUSES DE LA BRIGADE.

L. v. *de Meynard.*

L. v. **Martin des Pallières.**

L. v. *Cayrol.*

L. v. *de Roucy.*

E. v. 1re cl. *Bernier.*

E. v. 1re cl. **Illiou.**

E. v. 1re cl. ALDEBERT (prisonnier).

E. v. 1re cl. *Le Pollès.*

E. v. 1re cl. TASSEL.

O. e. AUDOUI.

Méd. 1re cl. *Le Feunten.*

PREMIER RÉGIMENT.

État-major.

C. v. *Delage.*

L. v. *Lorin,* adjudant-major.

O. e. GROSJEAN, adjoint.

Com. 1re cl. DOUILLARD.

Com. 2e cl. DOYÈRE.

Com. 3e cl. MASSE.

Méd. p. *Lorin.*

Méd. 1re cl. LE MARCHADOUR.

Méd. 1re cl. *Petit-Dutaillis.*

Méd. 1re cl. TABURET.

Méd. 1re cl. GUILLET (prisonnier).

Méd. 3e cl. GOURIOU.

Méd. 3e cl. MASSELIN.

Méd. 3e cl. BAIXE.

Aumônier Abbé POUCHARD.

SECTION DE MITRAILLEUSES.

E. v. 1e cl. **Vigouroux.**

E. v. 1re cl. **de Montgolfier.**

O. e. *Noblanc.*

TROUPES.

1er Bataillon.

C. f. **Marcotte de Sainte-Marie.**

L. v. **Payer,** adjudant-major.

E. v. 1re cl. POULAIN, adjoint.

1re Cie L. v. DURDET.

     O. e. **Seveno.**

2e Cie L. v. **de Chauliac.**

     O. e. **Souben.**

3e Cie L. v. *de Malherbe.*

     O. e. LOURSEL.

4e Cie L. v. *Pitous.*

     O. e. **Raoul.**

2e Bataillon.

C. f. DE KERROS.

L. v. *Lefebvre,* adjudant-major.

E. v. 1re cl. **de Cornulier-Lucinière,** adjoint.

5e Cie L. v. *Delaby.*

     O. e. *Le Roux.*

6e Cie L. v. *Pinguet.*

     O. e. BONOMET.

7e Cie L. v. **Eno.**

     O. e. MARGARY.

8e Cie L. v. **Cherdel.**

     E. v. 1re cl. *Bonnet.*

     O. e. *Millour.*

3e Bataillon.

C. f. **Rabot.**
L. v. *Demarquay*, adjudant-major.
E. v. 1re cl. **Carrelet**, adjoint.
9e Cie L. v. *Sérieyx.*
 O. e. *Le Gall.*

10e Cie L. v. *de Monts de Savasse.*
 O. e. *Golbain.*
11e Cie L. v. CANTENER.
 O. e. *Hervé.*
12e Cie L. v. **Féfeu.**
 O. e. *Charrier.*

DEUXIÈME RÉGIMENT.

Etat-major.

C. v. *Varney.*
L. v. MONNOT, adjudant-major.
E. v. 1re cl. *Bonneau*, adjoint.
O. e. JAOUEN, adjoint.
Com. 1e cl. DE REBOURSEAUX.
Com. 2e cl. BLAREZ.
Com. 3e cl. DUROSOY.
Méd. p. **Duguet-Leffran.**

Méd. 1re cl. DUPIN.
Méd. 1re cl. MIELVACQUE.
Méd. 1re cl. PLOUZANÉ.
Méd. 1re cl. DEGROOTE.
Méd. 3e cl. BERTROU.
Méd. 3e cl. CARPENTIER.
Méd. 3e cl. PIERRE.
Aumônier Abbé *Le Helloco.*

SECTION DE MITRAILLEUSES.

E. v. 1re cl. **Gautier.** | O. e. COCHERIL.

TROUPES

1er Bataillon.

C. f. **Jeanniot.**
L. v. **Lanes**, adjudant-major.
E. v. 1re cl. *du Parc*, adjoint.
1re Cie L. v. *Revel.*
 E. v. 1re cl. JONEAUX.
 O. e. BILLANT.

2e Cie L. v. **Le Douget.**
 E. v. 1re cl. **Boussey.**
 O. e. FICHET.
3e Cie L. v. *Antoine.*
 E. v. 1re cl. **de Blic.**
 O. e. *Simonou.*
4e Cie L. v. **Richard.**
 E. v. 1re cl. *Aubin.*
 O. e. **Mahé.**

2e Bataillon.	*3e Bataillon.*

C. f. Le Goïc (d'abord).

C. f. Pugliesi-Conti (ensuite).

L. v. *Labannère*, adjudant-major.

E. v. 1re cl. *de Blois*, adjoint.

5e Cie L. v. **de Maussion de Candé.**

      O. E. Peronnet.

6e Cie L. v. *Pertus.*

      O. e. *Le Pannérer.*

7e Cie L. v. *Gamas.*

      O. e. **Daudu.**

8e Cie L. v. *Hébert.*

      E. v. 1re cl. *du Réau de la Gaignonnière.*

      O. e. **Fossey.**

C. f. *Mauros.*

L. v. *de Ribet*, adjudant-major.

E. v. 1re cl. Devillers adjoint.

9e Cie L. v. *Marchand.*

      O. e. Bernard.

10e Cie L. v. *Soulié.*

      E. v. 1re cl. **Pion.**

      O. e. **Larroque.**

11e Cie L. v. **Gouin.**

      O. e. *Paul.*

12e Cie L. v. **Lucas.**

      E. v. 2e cl. *Bonnet.*

      O. e. *Josse.*

Voici maintenant les officiers envoyés à la brigade en remplacement de ceux mis hors de combat jusqu'à la date du 1er mars 1915, avec les mêmes indications que précédemment en ce qui concerne les tués et blessés.

C. v. : Paillet.

C. f. : **Geynet**, de Fauque de Jonquières, Bertrand, *Petit*, de Belloy de Saint-Liénard, de Maupeou.

L. v. : **Baudry**, Barthal (disparu), **d'Albiat**, **de la Barre do Nantouil, Kirsch**, Lambert, **Benoit**, Daniel, *Bonelli*, **Dupouey**, Riou, Guéguen, Le Bigot, Modet (disparu), Ferrat, *Reymond*, de Lafournière, Dervieu, **Feillet**, *Ravel*, Martinie, *Léon des Ormeaux*, Huon de Kermadec, *de Lartigue*, Bera.

E. v. Ire cl. : *de Lambertye, Melchior, Dunoyer de Noirmont, Poisson, Kès-Lombardie*, Mazen, *Viaud, Tarrade*, Bastard, Souètre, *Guéguen*, Le Poitevin, **Sérieyx**, *Geslin, Thépot*, Riou, Robert, Muller, de la

FOREST-DIVONNE. GUEYRAUD, **Perroquin**, DE CAR-
SALADE DU PONT, *de Béarn de Galard-Brassac,*
Danic, Boissat-Mazerat, *Le Voyer.*

E. v. 2ᵉ cl. : *de Seilhac de Rodorel, Denoix, Humbert,*
RONARC'H, **de Lorgeril,** *Buret,* **Bioche,** DOMENECH
FOURGEOT, **Sol.**

O. e. : COLLIOU, *Cabon* (prisonnier), FICHOU, **Deniel,** RA-
METTE, MORIN, LE PROVOST, DUPONT.

Méd. p. : VALLOT, **Lecœur.**

Méd. 1ʳᵉ cl. : DONVAL, **Chastang,** MARIN.

Je ne puis malheureusement pas garantir que les listes
précédentes soient exemptes de toute erreur ou omission,
malgré le soin que j'ai pris à les établir, en attendant que
soit dressé le Livre d'or de ces vaillants entre tous.

En ce qui concerne les effectifs de la brigade, elle est
partie composée de 2 régiments à 3 000 hommes chacun,
plus 250 mitrailleurs, soit environ 6 250 marins. A la date
du 1ᵉʳ mars 1915, 3 470 autres avaient été expédiés sur le
front, pour combler les vides, mais parmi lesquels à peu
près 500 blessés guéris, retournant pour la seconde fois.
Cela fait par conséquent un total approximatif de 9 200 hommes, dont la moitié, qui manquait alors, représente les
pertes de la brigade en sous-officiers et simples matelots,
toujours à la même date du 1ᵉʳ mars. Ceux-là, la patrie ne
les oubliera pas davantage que les officiers les ayant
conduits au feu, et les noms de tous seront retenus et glo-
rifiés dans leurs pays d'origine, aussi longtemps que vivra
la France, c'est-à-dire toujours !

A ces renseignements qui parlent si haut en faveur des
fusiliers marins, ajoutons qu'ils n'ont laissé à l'ennemi que
278 prisonniers en tout, c'est-à-dire moins de 4 p. 100 de
leur effectif, pas même le tiers des autres unités.

Voici maintenant la liste des récompenses méritées par
leurs hauts faits :

1º La citation suivante, à la date du 26 octobre 1914 :

BRIGADE DES FUSILIERS MARINS. A fait preuve de la plus

grande vigueur et d'un entier dévouement dans la défense d'une position stratégique très importante.

2º La remise d'un drapeau qu'ils ont reçu des mains du Président de la République, le 11 janvier 1915;

3º Les deux ordres du jour ci-dessous :

ORDRE DU JOUR DU GÉNÉRAL EN CHEF.

Avant que la BRIGADE DES FUSILIERS MARINS ne quitte la zone des armées, le général commandant en chef tient à leur exprimer sa profonde satisfaction pour les brillants services qu'elle n'a cessé de rendre au cours de la campagne, sous le commandement de son chef, l'amiral RONARC'H.

La vaillante conduite de la brigade dans les plaines de l'Yser, à Nieuport et à Dixmude restera aux armées comme un exemple d'ardeur guerrière, d'esprit de sacrifice et de dévouement à la patrie.

Les FUSILIERS MARINS ET LEURS CHEFS peuvent être fiers des nouvelles pages glorieuses qu'ils ont écrites au Livre de leur corps.

Au grand quartier général, le 19 novembre 1915.

Le général commandant en chef,

J. JOFFRE.

ORDRE DU JOUR DU MINISTRE DE LA MARINE.

Officier, Officiers mariniers,
Quartiers-maîtres et Marins.

En portant à votre connaissance l'ordre du jour pris par le général en chef au moment où la plus grande partie de la brigade de marins cesse de servir sous son haut commandement, je tiens à y joindre les sentiments de reconnaissance de la marine envers ceux que sur tout le front on appelait LA GARDE, et dont on a pu dire dans une lettre émouvante (1), demandant le maintien à l'armée de leur glorieux drapeau, qu' « aucune troupe d'élite, à aucune

(1) Du général commandant le groupe des Armées du nord.

époque, n'a fait ce qu'ils ont fait comme somme de bravoure et de longue endurance ».

Ces belles paroles resteront, avec l'ordre du jour du général en chef, le plus précieux des témoignages, et la marine entière sera, comme moi, très fière des marins qui nous l'ont valu.

Fait à Paris, ce 12 décembre 1915.

Le contre-amiral, ministre de la Marine.

L. LACAZE.

Ces deux ordres du jour seront affichés dans les batteries de nos bâtiments et les services de nos ports, sous notre devise HONNEUR ET PATRIE, et y resteront en permanence, pour que les équipages de demain sachent ce qu'ils auront à faire pour se montrer dignes des marins de Dixmude et de l'Yser.

Le contre-amiral, ministre de la Marine,

L. LACAZE.

4° Enfin, le 19 juillet 1916, le port de la fourragère, insigne des plus braves parmi nos braves, a été accordé au bataillon de marche des fusiliers marins actuellement en ligne, qui, aux termes de la décision prise par le général commandant en chef, « rappelle le souvenir de la brigade « des fusiliers marins et représente encore sur le front les « glorieuses traditions de notre Marine nationale ».

Mais, encore mieux que tout cela, restera le souvenir de l'infranchissable barrière opposée par la brigade des fusiliers marins à la furieuse poussée des Allemands vers Calais, exploit que l'on ne saurait mieux comparer, au point de vue de son importance et du prix dont il a été payé, qu'à la désormais immortelle résistance de Verdun. Et ce que le rédacteur des ordres du jour de l'armée se contente d'appeler un « entier dévouement dans la défense d'une position stratégique très importante », la postérité ne manquera pas de le mettre en parallèle avec l'héroïsme de Léonidas et de ses 300 Spartiates aux Thermopyles.

INDEX DES NOMS CITÉS

TABLE DES MATIÈRES

COMME CEUX DU « VENGEUR ».

L'ÉPOPÉE DES FUSILIERS MARINS.

1058-16. — CORBEIL. Imprimerie CRÉTÉ.

Librairie PAYOT & Cⁱᵉ, PARIS, 106, Bould St-Germain

Après la Guerre. Pour remettre de l'Ordre dans la Maison, par BIARD D'AUNET. Préface de M. Etienne LAMY, de l'Académie française. 1 vol. in-16. . . . . **3 50**

Lettres de Prêtres aux Armées, par Victor BUCAILLE. Préface de M. Denys COCHIN, de l'Académie française, Ministre d'Etat. 1 vol. in-16 . . . . **3 50**

Notre Avenir, par Victor CAMBON. 1 vol. in-16. . . **3 50**

La France devant l'Allemagne, par G. CLEMENCEAU. 1 vol. in-8. . . . . **5 fr.**

Entre Saint-Denis et Saint-Georges, par Ford Madox HUEFFER, Esquisse de trois civilisations (traduit de l'anglais par M. BUTTS). 1 vol. in-16. . . . . **3 50**

La Guerre actuelle commentée par l'Histoire, par A. AULARD, professeur à l'Université de Paris. Vues et impressions au jour le jour (1914-1916) **3 50**

Au Pays des Maîtres-Chanteurs, par Marc HENRY. Avec 8 illustrations hors-texte en couleurs. 1 vol. in-8 . . . **3 50**

La Guerre Européenne, par G. FERRERO. 1 vol. in-16 **3 50**

Méditations dans la Tranchée, par Antoine REDIER (Lieutenant R...). 1 vol. in-16 . . . . **3 50**

Comment les Belges résistent à la Domination allemande, par Jean MASSART, vice-directeur de l'Académie royale des Sciences de Belgique. 1 vol. in-8 . . . **5 fr.**

Le Livre de l'Espérance, par Dora MELEGARI. 1 vol. in-16 **3 50**

L'Orgueil allemand, par Maurice MURET. 1 vol. in-16 **3 50**

France et Allemagne, par Edmond PERRIER, membre de l'Institut, directeur du Muséum. 1 vol. in-16 . . . **3 50**

Le Lieutenant Demianof, par le Comte Alexis TOLSTOI. Traduction Serge PERSKY. 1 vol. in-16 . . . . **3 50**

L'Armée de la Guerre, par le Capitaine Z... 1 vol. in-16 **3 50**

Imp. E. Durand, 18, Rue Séguier, Paris

www.ingramcontent.com/pod-product-compliance
Lightning Source LLC
Chambersburg PA
CBHW050504270326
41927CB00009B/1897